40代を
あきらめて
生きるな

Shigehisa Nagamatsu
永松茂久

きずな出版

人生１００年時代。
もしあなたが現在40歳だとすると、残り60年。
この年月をあきらめたまま生きるには、
人生はあまりにも長すぎる。

もう一度立ち上がるための
「希望」の10年をどう生きるか？

▼40代になり「何をやるにも、もう遅い」と思っている人
▼これから40代になる、30代後半の人
▼何かを始めたいと思っている40代女性
▼働くことに罪悪感を持っている40代ママ
▼子育てが一段落し、ここからの生きがいを探している40代ママ
▼上司と部下に挟まれて悩んでいる40代の中間管理職の人
▼独立、転職を考えている40代のサラリーマン
▼30代後半から40代の経営者
▼部下の指導に悩んでいる40代上司
▼やりたいことがあるが、40代という年齢を理由に迷っている人
▼50代を目前に控え、40代をもう一度見つめ直したい人

この人たちに向けて、本書を贈る。

はじめに――

40代、不幸な思い込みから自由になるために

「もう40代か、歳を取ったな」

「この歳から何かを始めるなんて無理に決まってる」

「いまさら高望みをしてもね」

こんな会話がよく聞こえてくる。

しかし、これは大きな勘違いだと最初に言いたい。


ひと言で言えば、この本はそういった40代の〝不幸な思い込み〟を取っ払うために生まれた本である。

「人生100年時代が始まった」と言われる。

いま、あなたが40歳だとして、本当にその言葉通りに100歳まで生きると仮定したら、残された時間は60年。いままであなたが生きてきた人生の1・5倍の時間を生きることになる。

この時間をあきらめたまま過ごすには、人生はあまりにも長すぎる。

「40代は何をやるにも、もう遅い」

いったんこの思い込みを置いて、よく考えてみてほしい。


100年を春夏秋冬の周期で分けたとしたら、40歳の人は夏の中盤くらいということになる。時期的に見て、夏の花火大会を楽しんでいるあたりだろうか。いずれにせよ、まだ秋すら始まっていない。

100年を24時間で分けたとしたら、40代はAM9時30分過ぎから12時に当たる。40代後半の人で考えても、まだお昼ご飯前だ。

人生の基礎をつくるために生きた20代。

社会のなかで自分の立ち位置を一生懸命見つけようとした30代。

そして、人生の後半戦の命運を決めると言われる10年間、それが40代だ。


いま、この本を手に取ってくださっているあなたは、おそらく30代後半から40代中盤くらいの方ではないかと予測する。

もちろん、それ以外の世代の方も含むだろうが、多くの40代の方は、おそらくこう感じているのではないだろうか？

「40代って、もっと大人と思っていたけれど、意外とそうでもないな」と。


かの孔子は「不惑《ふわく》の40代」と言葉に残した。

40代になると迷いが消える。そして、そうであるのが理想だという意味だが、これは「人生50年」と言われた時代より遥か昔の言葉だ。

2500年前、孔子の時代での40代というと、もうほとんどの人がご臨終《りんじゅう》を迎える年齢だったのではないだろうか。その時代であれば、人生の総仕上げとして迷わない自分自身をつくり上げることも大切かもしれない。

しかし現在は人生１００年。その当時の倍以上にあたる。

人生40〜50年の時代ならば迷わぬ自分をつくり上げるべきかもしれないが、100年時代の40代は、以前より若く見積もったとしても間違いではないだろう。

そういう意味で考えると、私たちの人生はもっとゆとりがあるとも言えるが、逆に孔子が生きた時代とは大きく異なる〝不利なこと〟がある。

それは、情報量の多さだ。

一説によると、いまを生きる私たちが毎日収集する情報量は、江戸時代に人が1日に収集する分量の2万倍に及ぶと言われている。

テレビやインターネットで飛び交う不安をあおる情報、ＳＮＳで日夜流れてくる誰かの成功談……。こういった情報を目にしながら自分を保つのはとても難しい。

そんな状態を見据えてなのか、社会は容赦なく私たちをあおり続ける。

「老後の備えは？」

「定年を迎える前までに……」

これもまた人生80年時代と言われるようになった頃のスタンダードな言葉ではあるが、私たちの多くはこの隠されたまやかしに振り回されてしまう。

ある意味、そうなってしまうのも仕方のないことかもしれない。なぜなら、私たちは100年時代を生きたことがないのだから。


こうした大きな社会の流れだけではなく、40代は、これまでの20代、30代とはまわりを取り巻く環境が大きく変わってくる。

30代までは子育ての中心は「育児」であったのに対し、子どもが大きくなるにつれ、40代からは「教育」に変わってくる。

仕事に関しても、30代までは仕事の結果が個人的なものが対象であったのに対し、40代からは部下を含めたチームの評価が個人の評価につながる。

家庭や仕事以外でも、30代までは許されていたことも、「40代にもなって」という社会からの目線に変化する。

それまで抱いた夢や希望も「それどころじゃない」と思いがちになってしまう。

こうした理由から、40代は「あきらめる人がもっとも増えてくる世代」なのだ。

現在の40代は不惑どころか、迷いだらけの「惑々（ワクワク）世代」だと表現してもいいのかもしれない。


しかし、この本を通して、私はその逆の考え方をあなたに提案する。

たしかに、まわりの言葉を真に受け、何も考えずにベルトコンベアーに乗せられてしまうと、行き着く先は守りとあきらめの未来だろう。

しかし、それはあくまで流された場合の未来であって、その大半が考えるあきらめの未来の裏側には、大きなチャンスが隠されている。

だからこそ、そっちの側面に光を当てたいと考え、本書を書くと決めた。


40代というと、それだけで自分が歳を取った気がする人がいるかもしれない。そして、実際に「もういまさら……」と口にしている人もいる。

しかし、それは片方の側面にしかフォーカスが当たっていないからだ。

本当は、40代こそが一番やりたいことができる中心世代だ。

その40代をどう生きるかで、残りの人生が輝いたものになるか、うつろなものになるかが決まる。


そのためにやるべきことに、難しいものはない。

40代は、それまで積み重ねたものをいったん置いて、もう一度、人生の基本に立ち返ったほうがうまくいく。

うまくいく方法、そして人生を再起させるために大切なことは、いつもシンプルなことだ。


だからこそ、この本は「何をいまさらあたりまえのことを」と言われることを覚悟しながら、難しいことはできる限り省き、いますぐ取り掛かることができることに絞って書いていこうと思う。

あきらめるのはまだ早い。心を抑え込んで「このまま終わるんだろうな」と投げ出すのはあまりにも早すぎる。

さあ、ここから先の道のりをたくましく、そして軽やかに生きていくためのリスタートの準備を始めよう。

第1章

40代に必要な考え方、捨てるべき考え方

もくじ

第2章

40代は歳下から学べ

第3章

40代は女性が輝く10年間

第4章

これまでの延長ではうまくいかなくなる、40代の仕事論

最終章

40代をあきらめて生きるな

第1章

40代に必要な考え方、捨てるべき考え方

40代、あきらめるにはまだ早すぎる3つの理由

◆いまこそ千載一遇のチャンスである

まず、言い切ろう。

40代は、あなたにとって飛躍のための大チャンスだ。

もし、あなたが「これまでがんばってこなかったし、もういまから何かを始めようと思ってもどうせ……」と心のどこかで考えているとしたら、それは本書を読み

終えてからにしてほしい。

ここから、あなたが人生をあきらめる必要など何もない理由を、3つに分けて展開していく。


1つめは、すべての人類に共通で起きた歴史的な事件である「新型コロナウイルス感染症」で、世の中の常識やルールが大きく変わったこと。


おそらく多くの人は、自分が生きている間に、確実に歴史の教科書に載ることになるであろうこの大災害に遭うとは考えていなかったと思う。

新型コロナウイルスは、私たちの生活だけではなく、価値観やビジネス、そして生活スタイルを大きく変えた。

それまで事業がうまくいっていた経営者や、このままいけば出世間違いなしと言われていた人でさえ大打撃を食らった人は決して少なくはないはずだ。また、それまでに積み上げてきた財産を失い、絶望した人もいると思う。

このように、新型コロナウイルスによって、それまで順当に進んでいた未来への予定調和が壊れ、それまで先頭を走っていた人たちが立ち止まったこと。これは後発組からすれば有利になる。

2つめが、ITインフラの整備によるチャンスの増加。

世界中がインターネットでつながれ、情報共有システムが変化したことにより、新しい時代のスーパースターが数多く誕生した。しかも、それはまだ序章と言われるほど、ITの分野では新しいビジネスチャンスがあふれている。

3つめが、「人」「使える時間」「これまでの経験値を基にした知識」という3つの財産。

これは、歳を取ったほうが有利に働いていく法則があるということだ。

この「人」「使える時間」「これまでの経験値を基にした知識」については、とても大切なところなので、1つずつ一緒に考えていこう。

◆40代のあなたがすでに手にしている3つの財産を知る

まずは「人」について。

20代、30代に比べ、40代はこれまでの道のりを通して、出会った人の数が必然的に増えてくる。

しかも、**その出会った人たちも同じように歳を重ね、社会的ポジションが上がり、仕事のスケールも大きくなる。**あなた自身がこれから向かう方向性によっては、こうした人たちがとても大きな力になってくれるだろう。

次に「使える時間」について。

社会の仕組みを俯瞰《ふかん》して見ると、若い頃に比べ、労働の質が身体を使った現場作業から、頭を使う知的作業に変わってくる。

そのため、時間的なゆとりが出てくるはず（もちろんすべての人ではないが）。

おそらくあなた自身も、若い頃より、仕事中でも社外で人と会える時間が増えてきているはずだ。

最後に「これまでの経験値を基にした知識」について。

あきらかに20代、30代より有利になってくるのが経験値であり、知識だ。これがもっとも大きな財産だと言える。

長く生きれば生きるほど人はいろいろな経験をする。これだけはコロナ禍のような大災害が起きようが、なくなることはない。

いま40代のあなたは、間違いなくこの3つの財産を持っている。

そう考えただけでも、人生をあきらめるのは早すぎることが、理解いただけると思う。

40代で捨てるべき5つの「あいうえお」

◆まずはこの5つを手放そう

私たちは、生きていくなかでたくさんのものを身につけてきた。

自分にとって有益なものもあれば、いらないものもある。

これまで必要だったものでも、40代になることで状況が変わり、それがお荷物になってしまうケースだってある。

いままで、私自身が仕事を通していろいろな40代の方に出会ってきたが、40代にとってもっとも捨てるべきものを、偶然にも「あいうえお」の5文字にまとめることができた。


「あ」は「焦り」

「い」が「いじけ」

「う」が「上から目線」

「え」が「遠慮」

「お」が「怖れ」

覚えておくべきことは、40代を、

「焦らない、いじけない、上から目線にならない、遠慮しない、怖れない」

ということだ。

ここからは「あ」から「お」までを説明するとしよう。

◆焦らない

40代。ただその年齢になったというだけで、多くの人が正体不明の焦りにとらわれてしまうことがある。これは間違いなく「40代は年寄りの始まり」という、これまで無意識のうちに植えつけられてきた固定観念が原因だ。

40代はいろいろなことが気になる。

まわりの人がどれだけ進んでいるか、どれだけ結果を出しているかが露骨《ろこつ》に見えてくる。しかし、それは**いまの時点での途中経過であって、ゴールではないということがわかれば焦りは消える。**

そして、もう1つ原因がある。

それは、これから先の人生を「いま」という観点でしか見ていないからだ。

「はじめに」にも書いたが、人生の先はまだまだ長い。「時間がない」と思ってしまうと誰でも焦る。この本を通して、**もっと長い視点からいまの40代を眺めていくうちに、いまの自分の焦りが単なる錯覚だったと心が軽くなる**ことを約束しよう。

◆いじけない

20代、30代に比べ、40代は社会的な常識が求められる。

それまでは無邪気にまわりを気にせず、いろいろな場面で自由に行動できていたのに、社会的ポジションやまわりの視線、過去の失敗のトラウマなど、余計な概念が重くのしかかってくる。当然、行動が鈍くなる。

そうなると、若い人たちへの気遅れが生じ、スムーズに輪に入れないことで、妙ないじけ癖が生まれてくる。**誰も、責めているわけでも仲間外れにしているわけでもないのに、ひとりで「どうせ自分なんて」といじけてしまう**のだ。

しかし、遠慮なく言えば、それは自分のなかの妄想がつくり出した錯覚、つまり、気のせいだ。

◆上から目線にならない

40代は社会的に見て、ベテランと呼ばれる世代になる。

当然だが経験値が増えるぶん、若い世代の未熟さが目につくことも多くなる。

歳下の世代を導くことは年長者として課せられる役割であり、使命の1つではある。しかし**ここで気を抜くと、どうしても上から目線のスタンスを取ってしまいがちになるケースが多い。**

たとえば上司が部下に対して、姑《しゅうとめ》が若い奥さんに対して、コミュニティのリーダーが若い世代に対してなど、ケースはさまざまだ。

下の世代からしても、年長者からだと、上からものを言われているように取りがちになってしまうことも、トラブルの原因の1つだろう。

ここも意識しておきたいところだ。

◆遠慮しない

多くの人は世代によるイメージを持っている。

その年代らしさといえばそうかもしれないが、いつまでも若くいるために大切なことは、必要以上にその「らしさ」にとらわれないことではないだろうか。心を若く保つことができさえすれば、実際の年齢など関係ないし、歳を理由にした無用な遠慮などいらない。

後に紹介するが、ありがたいことに私のまわりには、まったく歳を感じさせない人たちがたくさんいてくれる。みんな何歳になっても若々しく、歳下の人たち顔負けの行動力を持っている。

40代、自分から引っ込む必要はない。年齢を言い訳にして遠慮することなく、もっと自分の思いのままにふるまっていいのだ。

◆怖れない

さまざまな情報が世の中に流通するということは、いいことばかりではない。マイナス情報もたくさん流れる。

たとえば「お金の不安」「老後の備え」「美や老化に対すること」。

それに加え、昨今の「コロナ禍がもたらす今後」なども含めると、不安をあおるような情報のほうが圧倒的に増えている。

もちろん、その情報に流されない人もいるが、あまりにもそういった情報量が増えてくると、いくら元気な人でも多少の不安は生まれてくる。

加えて40代は男性も女性も、ビジネスマーケットにおいて、いつの時代も一番の消費世代だと言われる。

子育て、教育、マイホーム、美容、いろいろな側面でお金を使うことが多い世代なのだ。

しかも、いまの40代中盤は第二次ベビーブームとよばれる人口の爆発世代。

このマーケットに対して、もっともっと不安をあおる情報が登場してくるのは目に見えている。**そのあおりを盲信してしまい、必要以上に怖れを抱きながら未来を見るのはいますぐやめよう。**

以上の「あいうえお」が本書の核になる。

まずはこのいますぐ手放すべき5つのことを中心に、これからの40代をどう生きるかについて、ともに考えていこう。

40代、人と比べてしまう自分を責めるな

◆比べる自分を無理に抑え込まない

40代は、多くの人にとって、社会に出て20年以上の歳月が流れる時期だ。

だからこそ、これまでの仕事に対する結果が明確になり始める。まわりに世間を賑《にぎ》わす同世代たちが出現したり、会社の出世競争でも優劣がつき始める。

SNSを見ては、誰が何をやっているとか、家を買ったとか、子どもが有名中学

に入ったとか……さまざまなことが気になり始める。

このように、どうしてもまわりの40代と自分を比べてしまうこともあると思う。

自分の調子が上がらないときに、人が楽しそうに生きている姿を目にすると、

「この人に比べて自分はなんてダメなんだ」

と、不要なマイナス思考に陥《おちい》ってしまうこともある。

人によっては、似たような仕事をやっている人を見ると、

「あの人に負けてたまるか！」

というライバル心がムクムクと頭をもたげるかもしれない。

この感情への対応策として、

「人と比べないようにしよう」

という言葉をよく目にする。高名なお坊さんや歴史上の哲学者が、ありがたい言葉で書いていたりする。

人と比べない。たしかにそれができれば、それに越したことはない。

しかし、おそらく多くの方にとってそれは無理だ。

幼い頃からの教育、そして動物としての本能をいまさら抑え込むのはとても難しいし、その技術を身につけるには多くのエネルギーと時間がかかる。

だから、私はあえて「比べてもいい」と断言する。うらやんでもいい。そして、その自分を責めなくていいのだ。

その感情を無理に抑え込むことは、現実的に無理がある。

◆人と比べないのではなく、比べたあとの自分をコントロールする

人間というのは、ある意味やっかいな生き物だ。

人のいい生活を見てうらやましくなってみたり、否定的な情報を目にして安心したり。他人と比較することで、自分のなかの優越感や劣等感を呼び覚ましてしまう癖を持っている人も少なくはない。

いまは一億総監視社会とも言われている。

「どこで誰が何をやっているのか?」

それをみんなが気にする世の中だ。人と比べて落ち込んだり安心したりすることは、どうすることもできない。

しかし、大切なことはここからだ。

最初の感情が生まれたあと、どう振る舞うかという行動の選択については、訓練次第でコントロール可能になる。

ここにフォーカスしてみてはどうだろうか。人と比べて劣っていたとしたら、いじけるのではなく、いいところを学んで自分のものにすればいい。「よし、自分もがんばってみよう」という励みにすればいい。

多くの人はそれを負け惜しみという形で表現してしまうが、そうではなく、まわりの人に対して素直に「あの人はすごい」と言うことができると、あなたの人としての器に対する評価を大きく上げることだってできる。

ここからたくさんお伝えしていくが、その方法はいくらでもある。人と比べて生まれた感情を、自分のなかでプラスの結果に転じる訓練は誰だってできる。

比べたあとの行動をコントロールできる人が、40代以降大きく伸びてくる。

40代からはゲームのルールが変わる

◆まずは無駄な荷物を下ろすことから始めよう

20代、30代と40代は時系列で見ると、1つの線上にあると考える人が多い。しかし、じつは40代はそれまでの延長線上にはない。

30代と40代の分岐には大きな隔《へだ》たりがある。それまで過ごしてきた時間とまったくといっていいほどルールが変わるのだ。

たとえば、30代までは仕事がある程度、自分ひとりの直線的な動きで済むものだったのに対し、40代からは円を描いて、まわりの人たちを巻き込みながら進んでいく曲線型に変わるとイメージしていただくとわかりやすいかもしれない。

そうなってくると、人生のテーマが「自分がどう生きるか」という問いから、「まわりの人も含め、どう幸せになっていくか」という問いに変わっていく。

自分ひとりの人生ですら、コントロールするのは難しい。

だから30代までは、とにかく自分自身のために知識、そしてスキルや資格を身につけようとする。

しかし、40代になると「いかに自分のフォースを蓄えるか」よりも、まずは「いかに自分にとって無駄なものを整理整頓《せいりせいとん》するか」ということが最優先事項になる。

荷物を抱えたままだと身動きが取れないうえ、何かを始めようとしてもスタートダッシュが遅くなってしまう。

だからこそ、まずは大きな視点から「何を手放せばいいのか」について考えていこう。

◆40代の行動力をフルに活かすために覚えておくべきこと

誰もが本当は行動したいと願っている。

しかし、動き始めようとするたびに邪魔をするものがある。

それが、失敗への怖れだ。

「失敗したらどうしよう」

「できなかったらカッコ悪い」

「まわりも、誰もやっていないし」

こうした思考の荷物を抱えている限り、どうしても人は行動が遅くなる。

何も持たずスタートラインに立つのと、50キロの荷物を抱えてスタートラインに立つのとでは、どちらが早くスタートできるか誰が想像しても容易に答えは出る。
いまのあなたに行動力がないのではない。
あなたがただ「無駄な思考」という荷物を抱え込んでいるだけだ。
その荷物さえ手放すことができれば、どんな人でも簡単に前に進み始める。

私たちはいままで教育や世間の価値観、社会人経験のなかで、たくさんの物事や思考を身につけてきた。それがすべて私たちにとって有用なものであればいいが、残念ながらそうではない。それはなぜか?

その答えは「**時代によって必要な価値観は変わっていく**」からだ。
江戸時代は江戸時代の、昭和は昭和の、平成は平成の、時代を覆《おお》う価値観があった。そして始まった令和というこの時代。ここからまた、新しい時代の価値観が生まれていく。

刻々と変化し続ける時代に、40代という一見困難な年齢として生きるあなたにとってまず大切なことは、時代に合わない、古くなった自分の思い込みや常識を捨てることにある。

パソコンがOSをバージョンアップすることによって時代に適応するように、あなたも自分自身をアップデートしてほしい。

新しいソフトをインストールするために必要なこと、それはまず自分のなかに空き容量をつくること。それこそがつまり「無駄なものを捨てる」ことなのだ。

40代のあなたがいままで積み上げてきた何かを捨てることは、とても勇気がいることかもしれない。しかし、それは、あなたが現状を打破し、希望に満ちたここからの人生を手に入れるために必要なことなのだ。

40代に〝協調性〟という名の忖度《そんたく》はいらない

◆成長すれば、それまでの人たちと波長がズレてあたりまえ

人は成長し、変化する生き物だ。成長し続ける人ほど、小さくなった洋服を躊躇なく脱ぎ捨てステージアップしていく。

たとえば人間関係。

いくら相手のことが好きでも、環境とともに気持ちも変化する。

それぞれの進む道や考え方が変化していくにつれ、顔を合わせたり、同じ時間を過ごしたりという物理的な接点がなくなると、人間関係は自然と変わっていく。

相手と「なんだか合わないな」と感じたら、遅かれ早かれその相手から「離れる」ことを選択していい。そこに必要以上の罪悪感を抱く必要はない。

イヤだな、合わないな、と思う相手に対して無理に寄り添うことも、相手のいいところを探す必要もない。

具体的に環境や考え方が変化することで違う道を歩むのは、もはや当然のことなのだ。サイズアウトした服を脱ぎ捨てるように、いまのあなたに合ったサイズの価値観を探しに行こう。

◆どんなに年齢を重ねても、相性が合わない人はいる

どうしても気が合わない人。それがいま近くにいる人や、仕事の上で利害関係がある人だとすると、多くの人は悩む。

「仕事に差し支えるから」

「ほかの人は我慢してつきあっているから」

「まわりの人と歩調を合わせなければ外されるから」

世間体やしがらみ、人の目、いろいろなものが邪魔をして、どうしても「我慢する」というマイナス方向に自分を導いてしまう。

たしかに、人間関係のなかで生きている以上、すべて自分の思い通りに進めることは難しいことかもしれない。

しかし、必要以上に自分自身の感情を押し込めすぎると、心が疲弊《ひへい》してしまう。

優しい人や気を使いすぎる人ほど、誰かを嫌うことに強い抵抗感を持つ。

そういう人は相手を嫌いだと口にしないし、してはいけないと思っている。

この本を手に取ってくださったということは、多かれ少なかれ、あなたもそのタイプではないだろうか。

そんな価値観を無意識に抱き、自分のなかの「イヤだ」という感情にフタをするのはもうやめよう。

それを持ち続けているから、あなたはいつまでも悩み続けるのだ。

子どもの頃、友だちとケンカをしたら「仲よくしなさい」と怒られただろう。

しかし、その場限りで仲直りをさせられて、心の底から仲よくなれるのは幼少期まで。それ以降の年齢になれば、子ども同士でも自我が芽生え、当然、相性が合う、合わないが出てくる。

そのことを考慮に入れない大人たちの言葉を信じすぎてしまうがゆえに、「まわりと仲よくできない自分が悪い」と思ってしまう人が増えてしまうことも、致し方ない。

そんな教育をされてきたからこそ、大人になってもなお、「人を嫌いになるのはよくないことだ」と思い込んでいるのだ。

これが、人を苦手と思うことに対する罪悪感の正体だ。

40代の充実度は、どれだけ好きな人と過ごせるかで決まる

◆40代は「無駄な予定」をとことん捨てよう

40代は上司、部下、身近なまわりとのつきあいを含め、もっとも誘いごとが増える時期だと言っていい。

その年代がゆえに、手帳にびっしりと予定が詰まってしまっている人は多いのではないだろうか。

予定欄が空白だと不安になる人、遊びでもなんでも予定を入れることで安心する人をたまに見かける。

そういう人に、私から提案をしたい。

一度、可能な限り、予定を白紙にしてみてはどうだろう?

私はできる限り予定を空白にしている。

もっと言えば、予定なんか当日に入れればいいとさえ思っている。

ある意味、それが冒険みたいで楽しいのだ。

ただ、予定を入れすぎないというスタイルを貫いているのには、ほかにも理由がある。

それは、あまりにも予定を詰めすぎると、自分にとって「本当に大切なこと」が目の前にやってきたときに、それをなくなくスルーしなければいけなくなるおそれがあるからだ。

◆40代はつきあいを悪くしよう

もっと自分らしく、楽しく生きるために、もっとも合理的な方法を最初にお伝えする。それは、

「**嫌な人を遠ざけるのではなく、好きな人との時間を増やす**」

ということ。

つまり、嫌いな人に使う物理的、心理的時間を、可能な限り好きな人にあて変えることによって、自然と嫌いな人が入り込む隙間を自分のまわりからなくしていくのだ。

予定を組み込むときに、

「この予定は本当に入れなきゃいけないのかな？」

「ひょっとしたら自分の寂しさを埋めるための時間つぶしなんじゃないか？」

「後悔しないか？」

「その予定を考えただけでワクワクするか？」


ということを自分に問う習慣を身につけてみてほしい。

そして、その問いに迷わず「イエス」と言えることのみに、あなたの時間を使ってほしい。


あなたが自分の心に従ってスケジュールを組むようになると、まわりの人のなかから、こんな声をあげる人が出てくるかもしれない。

「アイツ、変わったなあ」

「最近、つきあい悪いなあ」

しかし、ここで動揺してはいけない。

いいじゃないか、つきあいが悪くたって。
いいじゃないか、お誘いが来なくなったって。

無理して気が乗らないところに行く必要などない。

気乗りしないところばかりに行っていると、自分を抑え込んでまわりに合わせようとする「偽りの自分」になってしまう。

たとえつきあう人が減ってしまったとしても、予定にゆとりを持って、できる限り好きな人と過ごせる時間を優先する生き方のほうが、よほど幸せだ。

だからこそ、このスタイルをわがままだ、なんて思わなくていい。ビジネスでもプライベートでも、可能な限り自分の直感を優先すればいいのだ。

40代は「心の安全基地」を持つ

◆予定を減らしたほうがパフォーマンスは上がる

こんなことを言うと「それじゃあ仕事にならないよ」と思う人もいるかもしれない。しかし、大丈夫。こう言うのにはちゃんとした根拠がある。

「本来の自分」を生きていると、心にゆとりが生まれ、余分な力が抜けるから「ここぞ」というときに力を発揮することができるようになるのだ。

その結果、パフォーマンスが上がり、いい仕事ができるから、逆に向こうから仕事のオファーがやってきて、最終的に仕事が増える。

そう考えると、空き時間をつくっておくということは、決して寂しいことじゃなくて、むしろいい仕事をする上でも必要なことなのだ。

そのとき誰かとタイミングが合わなければ、ひとりで楽しめることをやればいい。散歩したり、ゆっくり映画を見たり……。

最初にお伝えしたように、40代はまだまだ先がある。しかし、いくらまだ時間があるとは言え、その時間を無駄に使うのはもったいない。

好きな人と「だけ」生きていこう。
好きな人に「だけ」時間を使おう。

それは決してわがままなことではない。

◆安心できる場所、持っていますか？

サラリーマンやＯＬさんも同じで、居心地が悪い会社にいるなら潔く辞めることも視野に入れよう。

どうしても辞められないなら、会社以外で自分が居心地のよい場所をつくるのだ。何かのコミュニティに入るのもいい。趣味のサークルに入るのもいい。

仕事以外の時間を精一杯使って、あなたの心が落ち着く安全地帯を持とう。

もしいま職場のことで悩んでいるとしたら、どこか違う場所で自分を満たすことをしなければ心が疲弊してしまう。

「ここにいれば安心」「ここにいると心が明るくなる」という場所を、いますぐ確保しよう。

そうやって、あなた自身の心が満たされていけば、必然的にあなたがいま悩んでいることに対する見方も変化するはずだ。

余計なことを手放せば手放すほど本質に近づく

◆何を手放し、何を手に入れるか？

「手放すと言ったって、そんなに簡単じゃない」という声が聞こえてきそうだ。

たしかにその通り。私たちが40年以上も長年にわたって積み重ねてきた行動パターンや癖を変えるのは一朝一夕《いっちょういっせき》にできることではないかもしれない。

そうすることで、自分に違和感を覚えることもあるかもしれない。

しかし、そうした心の習慣というものは、続けていくうちに腹落ちしていき、ある日「ポン」と解放される瞬間が必ず来る。自分がこれまで一生つきあわなければいけないと思っていた思い込みから解放されると、途端に心が軽やかになる。

そして、自分にとって本当に大切なものは何なのか、いままで死角になっていた本質的、かつ大切な存在が見えてくる。

そうするためにも、ただ頭だけで考えるより、文字にして書くことをおすすめしたい。人は頭のなかの雑念をアウトプットすると、必要なもの、必要でないものが見えてくる。大切なものが見えてくることで、自然と無駄な思考やつきあい、人間関係から解放されることになる。手放すことで手に入るものもあるのだ。

◆「手放すもの」「手に入れるもの」を一覧にする

ぜひ時間のあるときに、あなたの頭のなかにある物事を書き出してみてはいかがだろうか。例を次のページに出しておこう。

40代、あなたは何を捨て、何を手に入れるだろうか？

手放すもの	➡	手に入れるもの
① 必要以上のつきあい	➡	大切な人との時間
② 余計な情報	➡	前に進むための情報
③ 不安をあおる言葉	➡	人を元気にする言葉
④ 部屋の無駄な荷物	➡	必要なものを大切にする
⑤ できない理由	➡	実現したあとの未来
⑥ 完璧主義	➡	適当主義
⑦ 変な遠慮	➡	年齢を気にしない行動力
⑧ マイナストーク	➡	プラストーク
⑨ べき（have to～）	➡	したい（want to～）
⑩ 許可を求める癖	➡	自分の意思
⑪ みんながやってるから	➡	自分がしたいかどうか
⑫ 八方美人	➡	半径3メートル以内にいる大切な人
⑬ 結果	➡	過程
⑭ 予定	➡	余裕
⑮ 忖度	➡	自由

第2章

40代は歳下から学べ

40代からは、とくに歳下を大切にしよう

◆40歳を境に、歳上より歳下の評価が大切になる

40代になったとき、必ず目を向けるべき人間たちがいる。

それは歳下、30代、20代、つまり次世代たちの存在だ。

社会に出て、まず基本を覚える期間である20代は、いかに歳上の人たちの世界に馴染み、そして可愛がってもらえるかが大きく伸びるかどうかの条件になる。

そして30代。正確に言うと35歳くらいが、社会的にも精神的にも大きな分岐点を迎える年齢だと思っている。

そこから40歳を迎えるまでの5年間は、社会人としての成年を迎えることができるかどうかの重要な期間と言っていい。

実際に35歳くらいまでは、歳上や上司に引き上げられる人が強い。

この頃までは「上の人に対してどう評価されるか」を考えれば、ある程度のチャンスを得ることができる。

しかし35歳からの5年間、40歳までに次世代である歳下の存在を大切にする練習ができるかが、社会で楽しく生きていくための必須条件になってくる。

そして40代になると、完全に「歳上より、歳下や女性に対してどれだけの人望を得ることができるか」が幸・不幸を決める分岐点になると言っていいだろう。

◆歳下を味方につける40代がうまくいく理由

40代で歳下の味方をつけることは、その人にとって大きなアドバンテージを手にしたことになる。

それはなぜか?

30代男性が、エネルギー的にもっとも行動力がある世代だからだ。

この世代が社会的にどんどん力をつけ始めると、仕事を振っても、何かのお願いごとをしても、かなり頼りになり始める。

まわりにそうした頼りになる人たちがいてくれるかどうかで、仕事を含め、人生全般が左右されると言っていいだろう。

歳下でも、フラットな目線で見ればすごい人はたくさんいる。その人たちが「あなたのためなら」と言ってくれる人間になるということは、彼らの力があなたに乗

っかったようなものだ。

逆に、この存在にそっぽを向かれたり煙たがられたりするということは、永遠にひとりでがんばり続けなければいけなくなってしまう。これではキツい。

先ほど述べたように、30代まではある程度自分ひとりで直線的にがんばることはできるかもしれないが、40代からはルールが変わる。

40代以降は、協力してくれるまわりの人を含めた総合力、その人たちを巻き込む力を持っているかどうかで、その後が大きく変わることをしっかりと頭に置いておこう。

いまあなたが40代真っ最中だったとしても、人は等しく歳を取る。

あなたの次に時代の中心世代に座るのは、間違いなくいまの30代だ。

どうせなら、同世代ばかりではなく、自分を中心に広い世代とつきあっていく40代にしたいものだ。

「次世代のほうが優秀である」という法則を知る

◆私たちは「人類進化の法則」のなかで生きている

40代であるあなたに伝えたい。
あなたには、これまで積み重ねた社会人経験がある。
それに応じた実力もあるだろう。
だからこそ歳下の人を見て、荒削りな部分が見えることもあるかもしれない。

しかし、断言する。

いまの若い世代は、私たちが若かった頃より確実に優秀だ。

それは決して、あなたがダメだと言っているわけではない。

これが人類の法則なのだ。

1968年、アメリカのジム・ハインズという陸上選手が、人類で初めて100メートルを9秒台で走った。それまでの予想から言えば、人類が9秒台で走るのは不可能とされていたという。

しかし、考えてみよう。

ウサイン・ボルトが2009年の世界陸上で出した記録は9秒58。当時のジム・ハインズが横に並んで走ったとしても大差をつけられて負けるほどの大記録だ。

それだけではない。いま、日本でも桐生選手をはじめとし、9秒台の記録を出す選手がどんどん出てきているではないか。

視点を変えて、ＩＴというもので考えてみよう。

私たちの世代は、コンピューターといえばファミコンやドラゴンクエストで高得点を叩き出す人がヒーローだった。

しかし、いまこの時代は動画作成をし、YouTubeで大人気になる小学生が出現したり、仮想通貨で大儲けをする中学生もいる。はたまた3歳でスマートフォンを使いこなす強者もいる。

何が言いたいかというと、人類はつねに進化しているということだ。

そして、次世代には、生まれたときからその進化を無意識のうちに受け入れる環境がどんどん整っていくのだ。

スタート地点が違えば、あとに生まれた人間のほうが絶対的に有利になるという理屈になる。

◆次世代が精神的にも優秀な理由

「まったく最近の若いものは……」

おそらく誰でも一度や二度、この言葉を耳にしたことがあるだろう。

じつはこの言葉は、2000年以上も昔のギリシャの壁画にも書かれていた言葉らしい。

そう考えると、歳上が次世代を指してぼやくこの言葉は、ずっと昔から言い続けられてきたということになる。

先に生きた人間が、次世代の理解できない行動に憂いを感じ続けながら、人類は進化してきた。**歳上の小言《こごと》はいまに始まったことではないのだ。**

現に、いま55歳以上のバブルを過ごした世代は、その上の世代から「新人類」と呼ばれ、まったく理解できない存在とされてきたのだ。

そして、いま、その人たちが下の世代を見ながら、「まったく最近の若いものは」と言っているのだから、人間というものはおもしろい。

いまの40代から見た歳下世代には「ゆとり世代」「Y世代」「Z世代（さとり世代とも言われる）」、さらに「α《アルファ》世代」なるものも登場してきているという。

しかし、人類進化の法則を当てはめて考えたとき、この世代は私たちが30代、20代の頃よりも、精神的な面でずっと優秀だと私は思っている。

1991年にバブルがはじけ、今年2021年で30年。日本にとって、失われた20年どころか、失われた30年になってしまった。

そのときに生まれた子どもたちが、今年30歳になる。

さて、その間にどれだけ明るいニュースがあっただろうか？

テレビをつければ、大不況や先行き不安な情報ばかり。

40代の私たちが幼い頃は、もっと世の中は明るかった。バブルが崩壊したとはいえ、数年間は気づかずに世の中は躍り狂っていた。

そんなときに20代を迎えた私たちは、いまの若者たちほど人生について考えただろうか？

少なくとも、私はそんなことはまったく考えていなかった。

時代が守ってくれていたからだ。

しかし、**物心《ものごころ》がついた頃から世の中に期待していない、また期待することができなかったいまの30代以下の人たちは、「自分はどう生きていくのか？」を必然的に考えさせられた世代**だと言っていい。

その若者たちと、何も考えずに能天気に生きている人間たちが、もし同じ年齢で語り合ったとしたら、おそらく人生の深みという点で勝負になるはずがない。

いまの若い人たちは自分の生き方や在り方を考えるという点において、私たちよりもはるかに精神年齢が進化している。

こうした理由を踏まえても、次世代は前の世代のできなかったスキルや精神性を搭載《とうさい》して登場してくると考えて、まず間違いはないだろう。

◆視点を変えれば、学べることだらけ

次世代がつねに優秀である、という理屈は理解していただいたと思う。そう考えると、私たちは彼らから学べることだらけだ。

しかし、ここで邪魔をするのが第1章で書いた、捨てるべき「あいうえお」の「う」、つまり「上から目線」という部分だ。

仕事柄、優秀な方々に数多く取材をさせていただき、私は、ある1つの共通点を確信している。

年齢に関係なく伸び続けていく人は、共通して年齢や性別で人をジャッジしないということだ。

歳上だろうが歳下だろうが、異性だろうが、優秀な人からはなんでも学ぶという謙虚な姿勢を持っている。

自分より若いからといって上から目線でものを言う人など、どこにも見当たらない。いつも好奇心に満ちあふれ、いろいろなことをスポンジのように吸収していく柔軟性を持っている。

「次世代は優秀」

このことを念頭に置いて生きるだけで、世の中はさまざまな新しい発見をさせてくれるお師匠さんだらけになる。

人の脳は新しい発見や未知なるものへの感動を忘れると、どんどん老け込んでいく。逆に**好奇心を忘れず、さまざまな角度から学ぼうという姿勢を持つだけで、年齢など単なるメモリに変わっていく**のだ。

40代、あなたも、次世代に敬意を持って接してみてはいかがだろうか。

たったひとりでもいい、40代のうちに誰かを導く人になろう

◆次世代にアウトプットしよう

「学ぶ」ということについて、もう少し突っ込んで考えてみたい。
教えてくれた人の年齢を問わず、何かを吸収することは大きな学びになる。
しかし、もう1つ学びになる行動がある。
それは「伝える」ということだ。

自分がインプットしたことを、誰かにアウトプットすることで、自分のなかの学びはさらに強固なものになる。

誰からも学ぶ姿勢を持つのは大切なことだが、あくまで私たちは現役の社会人だ。その構造上、部下ができたり、次世代の人たちに何かを伝えたりしなくてはいけない状況に立たされることもある。

そのときは、自分が持っている知識や経験を惜しみなく伝える、ということを提案したい。

40代のうちに、最低ひとり以上の次世代のコーチになると決めてみるのもいいだろう。

世のなかには、数多くの人生を成功に導く優秀なリーダーや、人生をナビゲートするメンターがいる。

しかし、いきなりそんな高望みをする必要はない。

ひとりでもふたりでもいい。

40代という10年の時間を使い、これまで自分自身が経験して身につけたスキルや考え方を伝えることによって、人を導くという挑戦をしてみるのだ。

◆40代は次世代へ投資しよう

自分が身につけたものを人に伝えずに終わると、それは自分だけのもので終わってしまう。しかし、それを誰かに継承することで、世の中に対して大きな社会貢献ができることになる。

私はコーチングを受けにきてくださる40代以上のクライアントに、次世代に投資する1つの目安としての金額を提案している。

それは所得の3パーセントを次世代に投資するということだ。

もっと噛み砕いていえば、アウトプットをするときに、御馳走《ごちそう》をするということ。

たとえば所得が30万円の人であれば、3パーセントは9000円。

「えー、そんなの飲みに行ったら1回で終わってしまうじゃないですか」

という理屈もあるが、そんなことはない。

昼下がりのコーヒーショップで、ゆっくりと時間を過ごせばいいのだ。

コーヒーを飲みながら対面でセッションをしたとしても、2杯で1000円もあればお釣りがくる。そうすれば月に9000円を使ったとしても、9回は指導できる計算になる。工夫すればどうにでもなるのだ。

ただし、この3パーセントという数値はあくまで私の提案であり、そこをしゃかりきに守る必要はない。

人と話して元気づけるという意味で考えれば、缶コーヒーを買って公園のベンチでもセッションはできる。そうすればもっと安上がりになる。

要は金額の問題ではなく、あなた自身が「この若者を」と決めた誰かひとりを導く、というアクションが大切なのだ。

理想論や絵空《えそら》ごとと捉えられるかもしれないが、もし日本中の40代が30代に対してひとり一コーチとして次世代を導いたとしたら、人口換算すると、人口が多い40代のほうが余る。そうしたら、ひとりの30代がふたりの人から学ぶことができる。学んだほうは当然パワーアップする。

ただでさえ優秀な次世代に、新しい考え方やスキルがインストールされれば、いくら人口が減っていこうが個人のポテンシャルは上がる。よって、世の中がさらに進化するはずだ。

「そうなったらいいね。でも、それって無謀な理想だよね」と笑われることも多々ある。しかし、私はいつもこんなことを真剣に考えている。

40代は、失敗を語ろう

◆成功談よりも先に、まずは失敗談を集める

「人に伝えるのって、本当に難しいですよね」

多くの人からこんな言葉を聞く。

たしかに伝えるという作業は、自信のない人にとってはエベレスト級の壁に感じてしまうこともあるかもしれない。しかし、その壁はあくまで幻であるということ

を、私なりにお伝えしたいと思う。


誰かに何かを伝えようとするとき、苦手意識をつくる思い込みがある。

それは「すごいことや成功を伝えなければいけない」と考えてしまうことだ。

これが、伝えるということに対してのハードルを上げる一番の原因だ。

たしかに成功を伝えることは大切かもしれない。

しかし、すごいことで人をうならせるのは、想像以上に難しい。

仮にそういう実績があったとしても、相手次第では自慢と捉えられたり、「この人は自分と違うんだ」と思われてしまうケースもある。そう思われると、相手は二度と話を聞こうとはしない。


では、どうすればいいのか？

答えは簡単。

自分の失敗談を伝えればいい。

おそらく社会に出て20年も生きていれば、1つや2つくらいは逃げ出したくなるような失敗の経験があるはず。

その失敗から学んだことを伝えればいいのだ。

人は成功からも学べるが、それ以上に失敗から学べることのほうが多い。

なぜ失敗したのか、その失敗からどう立ち直ることができたのか、ということを伝えることで、聞く相手は頭のなかでマインドリハーサルをする。そして、その轍《てつ》を踏まない知恵を身につけることができる。

ただし、失敗ネタといっても、自分のなかで誰にも言いたくないような、トラウマクラスのことをわざわざ引き合いに出す必要はない。それでは伝えることが自己犠牲になり嫌になってしまう可能性があるからだ。

そうではなく、振り返ったら自分でも笑える程度のネタでいい。

まずは過去を振り返ってみて、失敗ネタを箇条書きにしてみると意外と楽しいし、それが、あなたが次世代を勇気づけるカードになる。

◆自己開示できる人の魅力

「この人から話を聞きたい」と思う人は、当然だが好きな人、尊敬する人、もっと大きく言えば魅力のある人だ。

では、その魅力とはどうすれば生まれるのだろうか。

先ほども言ったが、超人的なことをできる人は、誰から見てもたしかに魅力的に映るかもしれない。しかし、そんな人はそうそういるものではない。よってここでは除外する。

じつは、多くの人が気づいていない、自分の魅力を上げる方法がある。

それは、自分のふところを開けっぴろげにすること。

つまり、自己開示だ。

人は、相手の心を軽くするために自分自身をさらけ出すことができる人に、大きな魅力を感じる。

「こんな自分だったら認められないかもしれない」

「バカにされたくない」

という心は誰しもある。

だからこそ、その逆のことができる大きな器を持った人をリスペクトするのだ。


さらけ出すという行為は一見、怖いことかもしれない。

しかし、魅力的な人は、その失敗を自ら先に出すことによって、相手に安心感を与え、相手との信頼関係を簡単に築き上げてしまうのだ。

40代、難しいことを簡単に伝える人になろう

◆たくさんの本をつくってきてわかったこと

上司から部下、メンターからクライアント、先輩から後輩。

何かを伝えるとき、覚えておくと便利なことがある。

こうしたビジネス書を読んでくださる方のなかには、少なからず「いつか自分で本を書いてみたい」と思っている人もいると思う。

だからこそ、伝える手法である「出版」というテーマで考えてみたいと思う。

私は現在、執筆だけでなく、これから本を出したいという人のためのコンサルティングやプロデュース業もおこなっている。

すばらしいコンテンツを持っている人は世の中に数多くいるもので、おかげさまでこれまでの10年間に、自著を含めると、１００冊を超える数の本を世の中に送り出す機会に恵まれた。

本を出そうというくらいだから、当然だが、みなさん際立ったコンテンツを持っている。

しかし、執筆が始まると多くの人が落ちてしまう落とし穴がある。

それは「読む側にとって難しすぎる文章を書いてしまう」ということだ。

書く人は、全力で自分がこれまで培ってきた経験や理論を書こうとする。

そのために、まずは自分自身が納得できるレベルの言葉を使って文章を書く。

しかし、よく考えてみてほしい。

その人は何かの分野での専門家だ。

その人が納得できるレベルの文章というのは、当然だがその人と同じレベル、もしくはその人より知識を持っている人しか理解できないということになる。


あくまで読む側は専門家ではない。

一般の悩みを抱えた読者だ。

その読者にとって、そもそも専門用語ばかりが並んでいたり、マニアックすぎるネタは、問題解決をする前に理解不能状態に陥らせてしまう。

当然だが、そんな本は売れるわけがないし、読まれないということは、伝える以前の問題ということになる。


投資する側である出版社や書店のみなさんにとっても、本が売れなければ困る。

結局のところ、著者の我を通した本は誰も幸せにしない。

◆どこまで相手の目線に合わせることができるか?

では、どうプロデュースするのか?

この本の読者さん限定でこっそり伝えよう。


文章を、小学生でもわかるくらい簡単な言葉に変換するのだ。


著者は当然嫌がる。ふてくされる人もいる。

しかし、これまでの経験のなかで、著者がふてくされるくらいの本は確実に売れる。当たり前だ。読む側は専門家ではないのだから。

著者の我を通してしまうと、逆に知識をひけらかされたと捉えかねない。これでは書く意味がない。

それでもあえて自分のこだわりを守って、専門家にしかわからないようなニッチな本を出したいのなら、自費出版をすればいい。

しかし、私たちが手掛けているのはあくまで商業出版のビジネス書。

ビジネス書のミッションは、

「読者の悩みを解決すること」


これに尽きる。

言葉を選ばずに言えば、読んで理解されない本など単なる紙の束だ。

プロデュース経験を重ねてきたいまとなっては、

「伝える側のあなたにとってはおもしろくない本になるかもしれないですけれど、いいですか？」

と契約書に書くようになったくらいだ。

◆あなたの伝え方はどれ?

世の中には4パターンの伝え方をする人がいる。

①簡単なことを簡単に伝える人
②簡単なことをわざわざ難しく伝える人
③難しいことをそのまま難しく伝える人
④難しいことを簡単に伝える人

人によって伝え方はさまざまだから一概には言えないが、私は④番ができる人が、本当の伝えるプロだと思う。

こういう人の特徴は、とにかく例え話がうまい。

そして、どれだけ難しい内容のことでも、相手に伝えるときは、本質的なことを小中学生でも理解できるように話すことができる。


人に伝えるとき、難しい言葉は必要ない。

難しいことをわかりやすく。

これを心がけていれば必ず伝わるようになる。


伝えるということで相手の目線に合わせるのは、言い換えれば、それは相手への思いやりだ。

本を通して伝えるのも、言葉で相手に伝えるのも、理屈はまったく同じ。

とにかくわかりやすく。そのことさえ意識していれば、あなたの伝える力は飛躍的に向上することを約束する。

40代は流暢より傾聴

◆伝えることが100倍簡単になる3つのアクション

さて、伝え方についてもうちょっと深めよう。

人間は、言葉を使って相手と気持ちのやりとりをする生き物だ。

自分が思っていることを相手に伝え、いい関係をつくることができるかどうかは、社会人として大きなポイントになる。

先ほどは、上の立場の人が次世代の人たちにどう伝えるかを書いた。

しかし、じつはもっと簡単な人間関係の構築方法がある。

それは、話の聞き方だ。


相手とのコミュニケーションがうまくいくかどうかは、

「いかに話すか」

の前に、

「いかに聞くか」

のほうが大きなウェイトを占める、ということを意外と知らない人が多い。

ではここで、相手の心を簡単に開く3つのアクションを紹介しよう。


「笑顔で、うなずいて、一緒に笑う」

ただこれだけだ。

コーチングやコンサルティング、講演を通してこの話をすると、多くの人が拍子抜けした顔をする。

「いやいや、永松さん、それでコミュニケーションがうまくいくのなら世話はないですよ」

そう言われることもある。

しかし**実際に、この3つのアクションを見事に使いこなしている人はほとんどいない。**

◆難しい顔が癖になっていませんか？

講演をするたびに思う。

日本人は本当にリアクションが苦手な民族である、と。

聞く側の人たちが思いっきり「真顔」なのだ。

それもある意味仕方のないことかもしれない。

私たちは幼い頃からこの3つのアクションを誰にも教えられてきていないからだ。

そうした、みなさんが真顔の空気の場所に講演に行くたびに、

「あ、この人たちはいつも初対面の人に会うときにこの表情をしているんだろうな」と思う。


もともと日本の国民性は欧米諸国に比べ、世界的に見ても用心深く、簡単に心を開かないと言われる。

欧米人とエレベーターで会ったときに、ニコッとされてびっくりした経験はないだろうか。

私はある。しかし、向こうの国ではそれが普通なのだ。

基本的にコミュニケーションは笑顔から始まる。

笑顔で損をすることなど、そもそもない。

◆相手を肯定するということ

次に、うなずきについて。

コミュニケーションが得意な人、初対面の相手ともすぐに打ち解けてしまう人で、うなずきベタな人はいない。

うなずきは漢字で表すと「頷《うなず》き」という字がメインで出るが、もうひとつ別の漢字があることをご存じだろうか？

それは「肯《うなず》き」だ。

何をかくそう、私自身もこの本を書いているときに知った。

「肯定」ということは、文字にすると「肯きを定める」、**つまり、いつもうなずく、という意味になる。**

この発見は、うなずきの力を肯定されたようで自分ごとのように嬉しかった。うなずきこそが、まさにこのアクション自体が相手を肯定するという意味合いを持つことを証明しているからだ。

笑顔で、うなずく。

このアクションは相手に絶大な安心感を与える。

人は、自分に何かを与えてくれる人に必然的に魅力を感じるようになる。

多くの人が、魅力的な人になるためには自分の思いを言葉にして流暢に話さなければいけないと思っているようだが、その思い込みはいらない。

人は、流暢に話す人にはリスペクトは抱くが、確実に愛着を感じるのは、笑顔でうなずいてくれる人のほうだ。

それに、これはいますぐにでもできるアクションだ。

身近な人に対して、いつもより笑顔で大きくうなずいてみてほしい。

相手が簡単に心を開くことに、あなたは気づくだろう。

◆人は、一緒に笑ってくれる人を好きになる

最後のアクションである「一緒に笑う」ということについて。

歳を重ね、社会的地位が上がっていくと、多くの人がいいことを言わなければ、という固定観念を持つようになる。

私自身も人前で話をする機会が多いが、言葉で人の心を動かすということが、どれくらい難しいことなのかを、いつも痛感させられる。

講演家でもある私がこれだけ難しさを感じるくらいだから、専門分野ではない人たちがどれだけ話し方で悩んでいるのかは想像に難くない。

たしかに、伝えるスキルは大切かもしれない。

しかし、もっと大切なことは相手との信頼関係を築くことのほうだ。

考えてみてほしい。

家族や友人など、すでに信頼関係が形成されている人の前で緊張する人はいないし、リラックスしている相手に対しては誰もが上手に話している。

そう考えてみても、大切なのは「いかに話すか」より、「いかに相手との信頼関係を築くか」なのだということがわかる。

そして、その一番てっとり早い方法が、相手を笑わせることではなく、相手の話に対して一緒に笑うことなのだ。

コミュニケーションの講座をやってきた経験からわかること。

それは男性、とくに地位・ポジションが高い人、年齢が上の人に限って、この3つのアクションを身につけることに時間がかかる、ということだ。

照れや不慣れ、そして、心のどこかで「そんなことで関係がよくなるわけない」「簡単に笑うと自分の地位が下がってしまう」という疑心暗鬼があるのだ。

私の経験だが、世の中は、この3つのアクションをうまく使いこなせていない人だらけだ。

逆に言えば、やれば簡単に得をするということ。

どんなに足の遅い人でも、ひとりで走れば一等賞になれる。

この理屈と同じだ。

つまり、この「笑顔で、うなずいて、一緒に笑う」は、やった人だけが得をする、世界一簡単なアクションなのだ。

40代を過ぎたいま、もう一度、自分のアクション、この3つができているかどうかを見直してみてはどうだろうか。

40代は「マウンティング」に気をつけよう

◆そのアピール、必要ですか？

仕事を通していろいろな打ち合わせをしたり会食をする機会のなかで、ものすごく気になる人がいる。

それは「マウンティングをする人」だ。

マウンティングという言葉は、格闘技でよく使われる言葉であり、下に寝た相手の上にまたがってコテンパンにする状態のことを指すのだが、それが会話のなかでも出てしまうのだ。

たとえば働く女性たちや、これからがんばっていこうとしている若者たちと話しているときに、このマウンティング癖のある人は顕著に現れる。

自己紹介やトークなどでも、言葉の端々に、

「私の会社の年商はわずか30億、社員も100人くらいしかいませんが……」

「有名な△△さんと仲よくしており、先日も一緒にお酒を飲んでいたときに……」

といった枕詞《まくらことば》がつく。

「あの、女性たちやこれからの若者たちががんばろうと話しているこの場所で、そのアピール必要ですか？」

と聞きたくなる。多分まわりの人もそう思っているだろう。

◆横型社会で取り残される人たち

男性はとくに、自分の地位や過去の自慢話をしてしまいがちな生き物だ。

次世代や駆け出しの人が夢を語っているときに突然大きな声で語尾を強くし、

「君、さっきから聞いてたけど甘いよ。そもそもそうやって夢ばかり語ってるけど、その根拠はなんなの？」

などと、まるで裁判官のようにマウンティングを始める人もいる。痛い。

こういう人は、まず、どこへ行っても誰からも相手にされないだろう。

そして、いくらいま地位やお金があったとしても、こういう人はおそらくどの場所でもそういう振る舞いをし、どんどん居場所がなくなっているに違いない。

40代の読者の方は、まだかろうじてそういう人に免疫があるかもしれない。それは、男性中心型社会のなかで育ってきているからだ。

しかし、いまの20代、30代は横型に移行している世代だ。

「この人、なんでそんなに上からなの？」

と思ったら、みずから潔く切り捨てる。そこに変な忖度などない。

どんなにすごいことを成し遂げた人でも、未来を担う人たちに向かってマウンティングしていい、などという免罪符はない。

人の心は本当に繊細なもの。

相手の気持ちに寄り添いながら、マウンティングをすることなく、いいコミュニケーションを取っていける、そんな40代になろう。

40代は、いばらないだけで愛される

◆地位や勲章を手に入れる意味

40代は会社のポジションや仕事での実績、世間的な評価も上がってくる。それにともない、歳下や部下たちが悪気なく下から持ち上げようとしてくる。

この立場が上昇しているときにうまくいく方法は、たった1つ。

どんなことがあっても「いばらない」ことだ。

そのために覚えておくといい考え方がある。

それは「地位や勲章は単なる役割」と考えておくということ。

たとえば、あなたが会社で出世したとしよう。

もちろんそうなると、給料が上がるなどいいこともたくさんあるが、その立場におごることなく、

「このポジションが持つ権限を使って、どうまわりの役に立てるだろう？」

と、いつも考える癖を身につけよう。

そして、淡々とその役割に向き合えばいい。

◆ギャップをつくろう

地位が上がったり、何かで結果を出したりすると、まわりの対応が変わってくる

のが世の常だ。

「地位が高い人は立てなければいけない」という無意識の刷り込みがあるから、人は悪気なくあなたをチヤホヤするかもしれない。

しかし、それを「調子に乗るか、謙虚になるか」という、天からのひっかけ問題と思っておけばいいのだ。

そこを考えることなく、不用意にまわりのチヤホヤに乗っかって天狗《てんぐ》になっていると、あなたはどこにでもいる普通の嫌な人になってしまう。

そうではなく、あなたがいまと変わらず謙虚にしていれば、人はあなたをさらに好きになる。「権力者はいばるもの」というのが世の相場だからだ。

どんなに勲章をもらったとしても、いまと変わらないスタンスのまま引き続き成果を上げていくことで、いい意味でのギャップが生まれる。

そして、そのギャップこそが、あなたの魅力になる。

「この人は普通の権力者とは違う。地位が高いのにいばらない」と思われれば、相手が持っている権力者に対する予定調和がいい意味で狂う。

「地位が高くなっていばる人は普通の人」

「地位が高いのにいばらないから素敵」

どっちが得をするか、答えは明白だ。


これは仕事仲間や知り合いに対してだけの話ではない。

レストランの店員さんに対する態度、タクシーの運転手さんに対する接し方、受付の女性に対するものごしなど、そういう人への態度で人間性がわかる。


「優しさ」とは、権力を行使できる立場にある人が、立場の弱い人を大切にすることだ。

お金や権力を持っても、変わらないスタンスを保ちながら、人に優しくできる、そんな人のまわりに人は集まる。

◆自分が若い頃、どんな人が好きだった？

いま40代で多くの後輩がいる人たちも、かつて自分が部下や歳下という立場だったときのことを思い出してみてほしい。

どんな上司に救われただろうか？
どんな歳上の人に勇気をもらっただろうか？

きっと、あなたが思い出すその人は笑顔でうなずいて、あなたの話を聞いて一緒に笑ってくれた人ではなかっただろうか。

40代であるあなたも、そこを思い出せば、必ず歳下の人に対して優しくなれる。

いまこうして原稿を書きながら、私も20代、30代のときに、どんな人に出会い、どうしてもらったら嬉しかったかを振り返ってみた。

そのなかで鮮明に思い出すのが、まだ20代中盤の駆け出しだった私に、いろいろな人を紹介してくれたり、新しいビジネスのチャンスをくれた人のこと。間違いを起こしそうな私をいさめ、厳しいことも言ってくれ、先が見えなくなったときに未来を示してくれた人のこと。

ほかにも、さまざまな先輩の顔を思い出した。

そういう人たちは、みなさん共通して、自分が上のポジションだからといって決していばることなどなく、ひとりの感情を持った人間として私の目線にまで降り、人として平等に扱ってくれた。その先輩方のおかげでいまの私がある。

まだ私自身、その先輩たちのレベルまではたどり着いてはいないが、してもらったことを次世代の人たちに返していきたいと常々思う。

40代を充実したものにしたいなら、歳下にも報告・連絡・相談をしよう

◆これからの「報・連・相」の行先

ここまで読んでいただいた方のなかには、

「次世代の人を大切にすることはわかったが、具体的にはどう動けばいいのか？」

と思った人も少なくないだろう。

ここからは、そんなふうに悩む40代に向けて書こうと思う。

男性中心型社会のなかで20代、30代を過ごしたいまの40代の人は、この言葉を何度も聞いて育ってきたはず。

「社会人にとって大切なことは報告、連絡、相談だ！」

たしかに、この「報・連・相」はビジネスにおいて大事である。

ただ、多くの人は、これは上司に対してのみの義務と捉えている。

若い頃はそれでいいかもしれない。

しかし40代を過ぎると、報・連・相のベクトルをもう1つ増やしたい。

誰に？

それは、歳下に対してだ。

40代になって「報・連・相」を上司にしかしない人の先行きは暗い。

一方、40代からうまくいく人は、歳下の人に向けて報・連・相を始める。

自分ひとりでがんばる直線的な動きである30代までに対して、40代はいかに歳下を巻き込めるかによって充実度が決まることは、ここまでたくさん書いてきたのでもうご理解いただけると思う。

では、なぜ歳下の人への報・連・相が必要なのか？

◆頼みごとで次世代のステージをつくる

次世代は、年長の人が華々しく結果を出す姿に憧れを抱き、自分もいつかはそうなりたいと願う。

そして、もう1つ若い人たちを動かすモチベーションになることがある。

それは先輩からの頼まれごとだ。

社会は体育会系の運動部ではないから、理不尽な頼みごとはもちろん断ればいい。

しかし、なんらかの高い地位を持った人から、大きな仕事を手伝ってくれと頼まれたとき、なんとも言えない自己重要感が生まれる。

「自分も社会の一員になれた」

こんな高揚感に包まれるのだ。

私自身もこの経験はある。

尊敬している先輩から何かを頼まれたときは、飛び上がりそうなくらい嬉しかったことをよく覚えている。

普段から優しく接してくれる人だったので、その頼みに対して全力で取り組んだ。ほとんどの場合、満足に役に立てず、自分の実力不足を思い知らされることばかりではあったが、そうやって自分がお役に立てる場所をいただいたことで、さらにその人が好きになった。

つまり、私が尊敬する40代以上の人使いの名手たちはみな「お願いごと」という形で私の居場所をつくってくれていたのだ。

40代男性が1秒でも早く気づくべき、この世で最強の力

◆男性が持っていない女性の欲求

歳下と並んでもう1つ、味方についてくれたら最強の存在がいる。

それは、女性だ。

余談だが、この本の執筆にとりかかる1か月前に、私のメンターのひとりであり、

最高の応援者であった、北九州市小倉の山崎八千代さんという方が73歳でこの世を去った。出会った頃から「八千代ねえさん」と呼んでいたので、ここでもそう呼ばせていただくことにする。

八千代ねえさんは、私が駆け出し著者のときに、もっとも応援してくれた大恩人のひとりだ。

その八千代ねえさんは、若き執筆家、講演家として全国を駆け回っていた私に、歳上の女性ならではの視点で大切なことをいつも教えてくれた。

なかでも、とくに印象的なエピソードがある。

「しげ、女性には男にない欲求があるのを知ってる？」

「わかりません。美容とかですか？」

「それもそうね。でも、男性にもかっこよくいたいっていう欲求はあるよね」

「あ、そういえばそうですね。八千代ねえさん、それってなんですか？」

八千代ねえさんいわく、それは「人を育てたい願望」だった。
つまり、母性だ。

女性は男性に比べ、１つ身体の穴が多いと八千代ねえさんは言った。その穴とは膣、つまり子どもを産む穴だ。

八千代ねえさんは、それが母性の証明だと私に教えてくれた。

下ネタではないことをご理解いただきたいが、その表現に私は妙に納得したことをいまでも覚えている。

男性でも、歳下や女性のことを育てている人はたくさんいる。

しかし、その意識は女性の育成欲とはまったく違う。

男性は育成を「社会的成功」の1つと捉えがちだが、女性の育成欲は「本能」に基づいたものだ。レベルが違う。

もちろん数は少ないが、そういった母性、女性性を持った男性も一部はいて、そういう人はここからの時代をリードしていく存在だと思ったらいい。

しかし、多くの男性はなかなかその感性を理解しにくいようにできている。

それを生まれたときから自然に持っているのが女性であり、それが母性なのだ。

◆母性を味方につけることができるか？

私自身、正直、あまりこの言葉にはピンときてはいなかった。

しかし、ここ最近の出版の仕事を通して、女性の応援をたくさんいただいくことができ、八千代ねえさんが言っていた女性の育成欲求の偉大さを体感した。

そして、

「八千代ねえさんが早くから言ってくれてたのに、僕はなぜ、この存在をいままで軽く考えてきたんだ」

と猛省した。

ということで、ここ最近の本は男性だけではなく、女性に向けても書こうと決め、40代の女性たちへの取材を繰り返し、その話を参考にしながら、本を書くようになった。

執筆開始時、執筆過程、そして出版後のプロモーションを含め、たくさんの40代女性の方々の応援をいただきながら、この本も誕生を迎えることができた。

本当に感謝でいっぱいだが、女性たちは「生まれる前から生まれたあとまでずっと見てきたから、自分の子どもみたい」と楽しんで、たくさんの人たちに私の本を紹介してくれている。

「八千代ねえさんを、いま応援してくれている女性たちに紹介したかったなあ」

そんなことを思いながら、こうして原稿を書いている。

偉大な人の教えというものは、あとになって効いてくるものだ、とあらためて思い知らされている今日この頃だ。

「育てたい」と本能で願う女性の力を味方につけるか、敵にするか。
「自分の力を役に立ててほしい」という次世代の若者たちの気持ちを無視するか、大切にするか。

40代の人たちは、ここを真剣に学ぶべきだと思う。

この章は、歳下に対する接し方について書いた。
次の章では、歳下の人と並ぶ40代にとっての大きな存在である女性、そのなかでもとくに40代の女性にフォーカスを当てて書いていこうと思う。

第3章

40代は女性が輝く10年間

40代女性は可能性の宝庫

◆本当にやってきた「女性が活躍する時代」

「これからは女性の時代になる」

この言葉は、いまに始まったことではない。

私の記憶では、男女雇用機会均等法が叫ばれるようになった20世紀後半くらいから約30年以上、ずっと耳にしてきた言葉のように思う。

正直に言うと、この言葉を耳にするたび「またなんか言ってるよ」くらいの感覚で聞いていたような気がする。

しかし、**SNSが隆盛《りゅうせい》になってきたここ数年くらい前から、加速してこの言葉が現実味を帯び始めてきた**ことを肌で感じている。

先輩経営者から「女性の力を舐めてはいけない。女性は強いよ。その力を活かせない経営者はこれからの時代ダメになる」とよく言われていた。

若い頃はそう言われても、「そんなもんですかね」くらいに思っていた。なぜなら、その言葉に、女性に対する媚びが入っているような気がしていたからだ。

しかし、未曽有《みぞう》の新型コロナウイルス感染症により、世の中の働き方が一変し、いろいろなことを冷静に振り返るようになってからというもの、女性の力のすごさをあらためて感じるようになった。

ITをはじめとする情報産業でも、女性層のファンを持っているかどうかは、ビジネスおいて大きな違いとなることがわかった。

◆仕事に必要な要素で「情報」が頂点になった

「ヒト、モノ、カネ」

20世紀、この3つがビジネスの成功における三大ファクターと言われていた。

そして、21世紀になると、この3つに「情報」というファクターがプラスされるようになった。

しかしいま、この「情報」というファクターは、4番手ではなく、重要度ではトップに躍り出たと私は思う。

「どんな情報を持っているか」

「どんなネットワークを持っているか」

IT産業が私たちの生活のなかに浸透したこの20年で、情報の重要さが不動の地位を築いたのだ。

それまでは情報というものは一部の権力者、もしくはマスコミの専売特許だった。情報ツールが少なかったため、多くの人はその一部の権力階級の都合で発信される情報が唯一の羅針盤だった。

しかしＩＴの進化により、その専売特許の仕組みが壊れ、一般社会で生きる私たちが情報を発信できるようになった。

そのぶん、情報という海のなかで泳がざるを得なくなり、その真偽をジャッジせざるを得ない状態にはなってしまったが、逆にいろいろな情報が簡単に手に入るようにもなった。

そのなかでも、とりわけ女性の伝播力《でんぱりょく》、簡単に言うと「シェア」の力は男性が足元にもおよばないくらいにすごい。

この潜在的な力と情報の重要度の高まりがドッキングしたことにより、男性中心の「縦型社会」から、女性的なセンスで伝播をしていく「横型社会」が築かれ始めたのだ。

女性の社会年齢は、マイナス10歳で考える

◆現在40歳の子育てママの社会年齢は、30歳と同等

私はここから一番活躍するのは40代、とりわけ女性の存在だと確信している。
なぜ、40代女性に大きなポテンシャルがあると言い切るのか？
これにはいくつかの根拠がある。

まずもっとも大きな理由が「子どもの年齢」だ。

これは、第一子出生時の母親の年齢の統計を見るとよくわかる。

この原稿を書いている2021年、現在41歳を迎える人が生まれた年の日本の出産の平均年齢は26・4歳。つまり、1980年生まれの人にとって一番多かったお母さんの出産年齢が26~27歳くらいということになる。

この数字が2011年、約30年後には30歳を超え、2016年には30・7歳。約4歳も上がっているのだ(内閣府「平成30年版 少子化社会対策白書」参照)。これは歴史的に見ても恐ろしいほどの上昇率だろう。

(もちろん個人差はあるが)子どもの手離れを小学校高学年くらいと設定して考えると、子育てに約10年を使う計算になる。完全に子育て一本に集中したとして、10年のタイムラグが生まれるのだ。

昭和の時代ならともかく、この令和というスピードの時代に、10年も社会から離れていればさすがに誰でも不安になるだろう。

「私の社会的価値ってなんだろう?」という疑問が湧いてくる。当然、10年分のフラストレーションがたまっていく。

そして、その爆発地点が平均的に見ると、40歳前後に合致するのだ。

しかし、これを「ロス」と見るのは早計だと思う。

出産、子育てというものを通して、女性はかけがえのない愛の力を身につける。

だからこそ、私はこの10年をロスではなく、マイナス計上して考えることにしている。

簡単に言えば社会人年齢として、現在40歳の子育てママは、10歳差し引いて、男性でいうところの30歳と同等と考えるのだ。

男性の30歳といえば、まだ元気が有り余っている頃だ。望みさえすればなんでもできる。

このマイナス10歳という公式を当てはめれば、49歳の女性は、男性でいうと39歳になる。39歳といえば、まさに社会人生ここからであり「歳だから」などとあきらめている場合ではない。

そう考えると、不思議なパワーが湧いてくるはずだ。

◆40歳独身女性の社会的年齢も、じつは30歳

次の理由。

いまの世の中は独身女性も多い。おそらく多くの女性がなんらかの形で働いていると思うが、40代になるとこれまでの仕事のキャリアは18年〜20年はあるだろう。この年月をかけ自然と積み重ねてきたスキルや経験値を、自分で低く見積もるのはやめよう。

いままでは男性中心型社会のなかで生きてきたぶん、そう思ってしまうのも致し方ないことかもしれない。しかし、時代は変わる。

「女性だから」とあなた自身を低く見るような時代遅れな人たちにはさっさと見切りをつけて、あなたのその経験を力に変えてくれる場所を探すべきだ。

あなたがあきらめさえしなければ、あなたを心から必要としている場所は世の中にはごまんとある。

なぜそう言い切れるのかを説明しよう。

多くの場合、社会の中心世代は40代だ。

そして、いまの40代男性は、時代環境を考えても50代、60代の男性に比べ、女性に対する支援体制への意識が整っている。

10年前、20年前と比べても「性別に関係なく、その人がどんなスキルを持っているのか」というところにフォーカスする時代になったし、ベンチャー企業も増え、社内環境も時代に合わせて以前よりはるかに整備されている。

これまで仕事にかけてきたスキルが大きく花咲くのが、じつは女性にとっては40代なのだ。

これまでの男性中心型社会の理不尽さという点を考慮に入れたとしても、マイナス10歳のアドバンテージは使っていいと私は思う。

そう考えたとき、すべての40代女性は同世代の男性ではなく、10歳若い男性の社会年齢、そしてエネルギー値を自分に当てはめて考えればいいのだ。

40代女性よ、スタート地点であきらめるのはいますぐやめなさい

◆女性のポテンシャルの開花は40歳前後から

出版、出版支援、コンサルティング、ビジネス塾の経営など「情報」を軸とする仕事に従事して約10年。それまでの事業をスタッフたちに継承し、このビジネス支援業一本に絞ってから5年の歳月が経過した。

20代中盤でたこ焼きの行商から商売を始め、40歳までダイニングや居酒屋の経営、

講演活動をやってきた。

そういった仕事柄、男女の偏りなく、たくさんの人と話をし、微力ながらも仕事のサポートをさせてもらってきた。

そしていま、こうした立場を通して感じることがある。

40代女性には、まだまだ開花されていない、とてつもなく大きなポテンシャルがあるということだ。

オーバーな言い方になるかもしれないが、このポテンシャルが花開けば、日本の社会は大きく変わっていくと本気で思っている。


これは暗黙のマナーであり、私も含め多くの人が無意識に従っているのだが、長年感じてきたシンプルな疑問がある。

それは「なぜ女性に年齢を聞いてはいけないのだろうか」ということだ。

年齢を重ねる女性には価値がないから?

いやいや、そんなことはまったくない。

男女に限らず全世代において、人間には、その年齢にならないと出せない魅力がある。

◆40代女性は、この不幸な思い込みから自由になろう

とくに女性にとっての40代は、子育てや社会において男性中心型社会のなかで、ときには理不尽な状況に耐えることにより身につけたスキルが完成し、人生がここからスタートする重要な時期だ。

それに加え、平均寿命のデータを見ても日本女性は世界一長寿だ。間違いなく、40代からの女性の未来は男性より長い。

にもかかわらず多くの女性が、

「もう40代だし」

「いまからは無理でしょ」

などと、なかばあきらめたことを口にする。

「いや、それは完全に勘違いです。ここからがスタートですよ。スタート地点でいきなりあきらめてどうするんですか」

と声を上げたいし、実際に支援業のなかでいつも言っている。

すると、彼女たちの顔にパッと花が咲く。

「え？　私ってあきらめなくてていいんでしょうか？」と多くの人が答えるのだ。

私の身体は1つなので、その言葉をお伝えできる数に限界がある。

しかし、私ひとりでこれだけたくさんの40代女性からこの言葉を聞くということは、全国に同じように思っている女性がどれだけいるのだろうと想像できる。

そして、そうさせてしまったこれまでの常識や固定観念を恨みたくなる。

これは大きな損失だ。

日本女性の多くが根底に持っている、この不幸な勘違いを少しでも減らしたいと日夜考える。

◆40代女性のすごさに触れてきたいま、思うこと

この思いが天に通じたのか、現在、私は出版という、多くの人に自身の考え方を届けることができる仕事をすることになった。

しかし悲しいかな、私程度の力では、その啓発はまったく影響力が足りない。

この考え方に共感していただいた人がいたとしたら、40代女性をこの思い込みの鎖から解放してほしいと心から願う。

実際に、出版をはじめとする情報支援業一本に絞り込み、多くの方の起業やコンテンツ制作、出版サポートをしていくなかで、これまでもっとも元気なのは間違いなく40代の女性だった。

これは私だけの感覚ではなく、おそらく私と同業の人はひとり残らずうなずいて

くださるのではないだろうかと思っている。

しかし、その元気な女性たちがいる陰で、不遇なビジネス環境や子育てがゆえに世の中からポツリと切り離され、「私の人生って、なんなんだろう」と、途方に暮れている女性もいるだろう。

そんな女性たちにこそ、伝えたい。

人生１００年時代。いまあなたが40歳だとしたら、どれだけ短く測定したとしてもあと30年、長く見積もって40年（50年かも）は働ける。

そのスタート地点であきらめる必要などまったくない。

もう一度言う。

ここからの時代、もっとも大きな可能性を持っているのは40代の女性だ。

この本をいま読んでくださっているあなたが40代女性だったとして、この私の持論があなたにとっての１つの希望になれば、これほど嬉しいことはない。

女性がひとりで1億円を稼げる時代の幕開け

◆世の中がまだ気づいていない億万長者たち

あたりまえだが、ＩＴは世界中が情報でつながっていくインフラだ。

この発達は、私たちから「距離」という概念を取っ払った。

オンライン会議でもＺｏｏｍをはじめとしたＩＴツールを使い、いつでもやりとりができるようになったため、北海道と沖縄、もしくは日本とヨーロッパにいる人が会話をするということは、もはやめずらしいことではなくなった。

ビジネスにしても、リモートワークを通してある程度のタスクが完結できることを多くの人が知り、大都会にそびえ立つ立派なオフィスが、仕事をしていく上で本当に必要なものなのか、ということまでが疑問視されるようになってきた。

ＩＴは仕事のやり方だけでなく、仕事の在り方も変えたのだ。

普段からビジネス書を読んでいる読者の方ならご存じの方もいるとは思うが、近年、男性が一生懸命働き、給料のアップを狙っているのを横目に、**ＳＮＳを駆使しながらビジネスをしている億万長者の女性たちがどんどん登場している。**

かつて、男性はみな狩人だった。

女性は木の実を採集したり、男性が取ってきた獲物を保管しながら、まわりの人たちと協調し、助け合い、分け与えながらみんなで子育てをしていた。

その名残《なごり》だろうか、女性はいまこの時代も本能的に横のつながりの意識が強い。

ＩＴ時代以前は、それがご近所さんとの井戸端会議程度だったものが、いまはＳＮＳを通して双方向のやりとりが全世界的に広がった。

この流れは完全に、横のつながりが得意な女性に分《ぶ》がある。

ＳＮＳをつくった人たちが、いまの体系を想像してつくったかは定かではないが、いまやビジネスにおいて商品の告知や広告の重要なツールとして、ＳＮＳは欠かせない要素になった。

私自身もビジネスにおいて、実際にＳＮＳの恩恵を受けるまでは、この存在は単なるプライベートツールだった。しかし、そのインフラに対する見方が大きく変わったことがあった。

◆女性の「シェア力」がここからの世の中を動かす

２０１９年の後半、コロナの「コ」の字もない頃、私は数冊の本を書いた。

それが、この年代本シリーズのスタートとなった『30代を無駄に生きるな』（きずな出版）、そして『人は話し方が9割』（すばる舎）。

翌年2020年、コロナのど真ん中で『20代を無難に生きるな』（きずな出版）。

そして2021年には『喜ばれる人になりなさい』（すばる舎）を世に送り出した。

この4作の本は、私の執筆業に対する価値観を大きく変えた。

おかげさまでたくさん売れたメモリアルな本ばかりなのだが、**この存在を世の中に広げてくれた圧倒的な存在が「女性のシェア力」なのだ。**

男性と女性は、本を読み終えたあとの行動に違いがある。

私自身が男性なのでわかるが、多くの男性は、読み終えたあと、その本を自分の本棚に大切に入れる。本棚でも、自分が何度も読み返しやすいように手に取りやすい場所に置き、心のなかにしっかりとしまっておく。

これに対して女性は、感動や共感をすぐさま、まわりの人にシェアする。

極端なケースでは、女性の場合、まだ全部読んでいなくても「この本、オススメメ!」とすぐさまSNSにアップする。事実、この4作の本のSNSシェア率は、なんと9割近くが女性だった。

そう考えたとき、ビジネスにおいて女性層にリーチできるかどうかというのは、商品がどこまで広がっていくのかという生命線ということになる。

恥ずかしながら10年も本を書いてきて、そのことに最近気づいた。古くからある「口コミ」という文化もしかり。本当にいいと思えるものに出会ったときの女性の拡散力は半端ではない。

「いいものはまわりにシェアする」

この女性の底力を男性は「女性だから」と片づけるのではなく、自分のビジネスの未来を発見するチャンスと捉えて真剣に学んだほうがいいと思う。

女性を上から見る人は終わる

◆これまでの時代、優秀な女性はなぜ突き抜けられなかったのか？

残念なデータがある。

世界先進諸国のなかで、女性政治家の数、女性経営者の数において、日本はダントツの最下位であるということだ。

これは日本という国が四方を海で囲まれ、独自の男性中心型の社会構造が染みついている名残なのかもしれない。

もちろん、それはそれでいい面もあったことも事実だ。

しかし、逆の面から見ると、優秀な女性という存在が社会において活躍することができなかったという、大きなチャンスロスも生み出している。どう考えても大きな損失だろう。

屁理屈《へりくつ》かもしれないが、ときどき見かける「女性活用」という言葉に対して、私は非常に違和感を抱く。

この言葉自体、男性が女性をどこかで「使うもの」という意識があるように感じてしまうからだ。まあ、これはあくまで私個人の所感なので話を戻そう。

これまでの男性中心型社会のなかで、男性が主導権の大半を握っていることが常識だったということは、会社の人事においてもよくわかる。圧倒的に男性の都合で決まるケースが多かったからだ。

だから、社会のなかで女性が活躍するためには、男性に負けないくらい働くか、もしくはその権限を持った男性に取り入るしか道がなかった。

これは、どう考えてもフェアではない。

日本がグローバルスタンダードを標榜《ひょうぼう》するなら、この面においてもしっかりと取り組んでいくべき問題だと思う。

◆パワー軸社会から共感軸社会へ

いままでの常識を覆すような価値観の大転換が、今後も起き続けるだろう。

そのなかで確実に起こると予想できることがある。

それが従来の縦型社会から横型社会への変化だ。

間違いなく、今後は男性中心のパワー軸社会から、女性中心の〝共感軸社会〟に変わる。

つまり、時代を支配する社会的価値観が「どっちが勝つか、負けるか」という基軸から、「どれだけいいものをシェアできるか」という基軸に移り始めるのだ。

そして、その移行はすでに進んでおり、この大転換を「風の時代」と表現する人もいる。

私は詳しくないのでその表現は差し控えるが、間違いなくパワーから共感への大転換が起きているし、そう感じざるを得ないできごとに出くわすことが多い。それまでの英雄たちが、一瞬で敗者になってしまうということも平気で起きうるのだ。

とにかく「女性だから」と上から目線で接する人たちの時代は、すでに終わったということを言い切っておく。

女性たちよ、もう「できないふり」はやめなさい

◆億を稼ぐ、とある女性の悩み

男性中心型社会は、ビジネス構造だけではなく、夫婦や男女の恋愛の関係性の在り方から見ても、深く根を張っているように思う。

先日、とある女性経営者と仕事を通して打ち合わせをする機会があったのだが、ここでも現代の世相をあらわす話を聞いたので、シェアしたいと思う。

彼女をAさんとしよう。

Aさんは現在、43歳の独身女性。

もともと35歳過ぎまでは、大企業のOLをしていたらしい（余談ではあるが、この「OL」という言葉は、この本を世に出してくださった、きずな出版の櫻井秀勲社長が、光文社で『女性自身』という雑誌の編集長をしていたときにつくった言葉なので、ここでもそう書かせていただこうと思う）。

AさんはOL時代、男性中心型組織の人事体制では自分の人生の先行きが不透明だと確信し、思い切って起業をした。

選んだ分野は美容。

サロン展開で大成功をおさめた。

彼女が成功したノウハウを標準化し、これから起業する女性たちのコミュニティをつくり、さらに事業を拡大。いま世の中に数多く登場しているSNSを使った女性起業家のはしり的な存在となっている。

現在、彼女はスタッフたちに店舗を任せ、自身は教育事業で、ひとりで年間1億円以上の売り上げをたたき出している実業家だ。


そのAさんとの打ち合わせを終え、一緒に食事をしていたところ、話はなぜか彼女の恋愛事情になった。

Aさんは、これまで仕事一筋でこの8年間を走り続けてきたという。

もちろん、その間に数人と恋愛をしたのだが、この関係はすべて同じ理由で破局をしたらしい。

その理由は「所得」。

Aさんの所得を知った男性が、彼女に対して劣等感を抱くようになり、いつもそれが原因で関係がうまくいかなくなってしまうのだという。

Aさんの相談は、

「自分の仕事や所得を男性に言わないほうがいいのか、否か」

という内容だった。


私は本来、男女間の恋愛は専門分野ではないので、気の利いたアドバイスができず、結局話を聞いて終わりだったが、この話は私のなかでなんともいえない複雑な感情を残した。

◆女性が稼ぐのは、いいことだ

Aさんの話は、決して特別な話ではない。

以前も、とある女性経営者の似たような話を聞いたことがある。

事業がうまくいけばいくほど、旦那さんやパートナーとの関係性が微妙になってしまうというのだ。

もちろん、男女の関係性は所得だけで測れるような単純なものではないから一概には言えない。しかし、男性中心型社会のひずみが1つの原因としてあることは、事実だ。

先ほども書いたが、原始時代、男性は狩人だった。男性社会のなかで狩りが上手な人が、組織のなかで上に行く仕組みだった。現代は、その狩りの対象がマンモスから「お金」に変わったと言うとわかりやすいかもしれない。

そう仮定すると、女性のほうがその獲得対象であるお金を稼ぐということは、ある意味で男性側からすると、自分の存在を否定されてしまったような気持ちになるのだろう。

しかし私は、女性が稼ぐことをまったく悪いと思っていない。むしろ、称賛すべきだと思っている。

私がそう思う理由は、幼い頃の環境にある。

私の母はギフトショップを複数経営するワーキングマザーだった。

30年前という時代背景を考えると、バリバリ働く母は、突飛な存在だったのかもしれない。

ギフトショップなので、店舗での主役は当然女性になる。

父は経理を含め、社長として裏方にいた。だから、世間的には母を経営者と思っていた人も少なくはなかったと思う。

しかし、父はいつもごきげんで、「あいつが幸せそうに働いているのが一番嬉しい」とよく言っていた。

父がそんなスタンスだから、母も「お父さんのおかげで」といつも感謝の言葉を口にしていた。

こうした環境にいたせいか、私は女性が働いて大きな所得を手にする、ということに関して一切違和感を抱かない。

「お父さんは外に働きに出て、お母さんは家で家事をする」という、日本で一番多いパターンを経験したことがない環境で育った私だから、変わったことを言っていると捉える人もいるかもしれない。

しかし、この本に関しての著者は私なので、ここからも私の所見を書かせてもらう。「そんな考え方もあるんだな」というふうに捉えていただけると嬉しい。

◆女性活躍時代の家族の在り方

コロナ禍を通して、これまでの男性中心型社会は大打撃を受けた。

汗水を流しながらつくってきた会社の内部留保が大きく目減りしたり、営業自粛で大きな借金を負ってしまったりした人たちもたくさんいる。

まじめにがんばってきた人たちからしてみれば、本当に怒りのやり場がない状況だ。

しかし、こういうとき女性は強い。

男性が直線的ながんばりに強い特性を持っているのに対して、女性は曲線的かつ柔軟な特性を持っている。

そしていま現在、社会において必要なのは後者の特性だ。

仕事柄、私のまわりは経営者が多い。

類が友を呼んでいるせいか、私と同じように、女性が働いて稼ぐということに賛成論者が多いのだが、「コロナ禍の大打撃を奥さんの事業が救ってくれた」という人は少なくない。

よくよく考えると、家庭も1つの会社のようなものだ。

所得を売り上げとすると、そこに損益計算書と貸借対照表が存在する。

そう考えたとき、売り上げが大きいほうが何かと有利ではないだろうか？

そこに「自分のほうが多く稼いだ」とか「稼ぐのは男の役割だ」とか、そういう考え方を入れると組織は必ずおかしくなる。

そもそも所得とは、社会に対する生産活動の評価だ。

どっちが稼ごうが、家庭という社会に認められた1つの組織である以上、その売り上げが高いことを喜ぶことはあったとしても、男性が自分自身を卑下する理由など、どこにもない。

男女のパートナー関係や夫婦は、そもそも働くということに関して、双方向の協力関係の上に成り立つものであり、「どっちの稼ぎが上か」などと張り合って戦う必要などどないのだ。

◆女性を見下す男性時代の終焉

一応書いておくが、

「男性は外で稼ぎ、女性は家を守る」

「男性にしっかり社会でがんばってほしい」
「自分が一生懸命働いて、奥さんと子どもを幸せにしたい」

と思うなら、それでもいいと思う。

そもそも夫婦という単位は共同体である以上、ふたりの価値観がピタッと一致していればそれに越したことはないし、何を置いてもダブルワークをしましょうと言っているわけではない。

しかし、世の中の変化という視点から見たときに、女性の社会進出という流れは止めることができないし、止める必要などない。

女性が社会で働くという選択をしたうえで、夫婦の在り方として、1つの考え方の提案として論じている、ということをご理解いただけるとありがたい。

とくにいまは価値観の大転換の過渡期だ。

いつの時代も「時代の感情」という、世の中を取り巻く空気感に似たものが存在する。

元政治家の女性軽視発言の大炎上ひとつを捉えてみても、男性中心の縦社会の仕組みが壊れ、男女が共感、協力しながら新しいスタイルをつくっていく横型社会が時代のメインストリームになっていく、ということは火を見るよりあきらかなことだ。

だからこそ、男性はもっと大きな視点で、女性を応援していくことが大切になる。女性たちも、家庭やパートナーシップにおいても、男性の顔色を窺いながらできないふりをしたり、変に遠慮したりすることはもうやめよう。社会においても、自分という存在をしっかりと確立していくべきだ。

40代女性へ、子育てと仕事、両方楽しもう

◆親が思うほど、子どもは弱くない

最近、鈴木実歩さんという友人が主催する「めざチア」と題した、1万5000人を超える女性起業家たちが集まる日本最大の朝活番組に、ゲストとして登壇させてもらったときのこと。

トークテーマは「女性が働くということ」だった。

参加者の9割以上が女性で、そのなかの7割以上が40代女性だったが、事前アンケートのなかで一番多い悩みが、

「子どもがいても働きたい。でも、うしろめたさがある」

という、働くことへの罪悪感だった。

正直、私はその数の多さに驚いた。

そのときも言ったが、同じ思いでいる人たちが多いと思うので、ここでも言う。

40代の女性は、働くことへの罪悪感を捨てよう。いまの時代、そんな感情はナンセンスだ。

私がこう思うのも、母の姿が大きく影響している。

先ほども軽く触れたが、私の母は、私が小学校高学年のときに地元の大分県中津市で「夢工房」という、小さなギフトショップを開業した。

最初は趣味の一環のつもりでオープンしたのだが、その店が、子どもの目から見てもわかるくらい大当たりし、毎日忙しくしていた。

当然ながら、店が忙しいほど、私と弟はほったらかしになる。

しかし、楽しそうに働く母の姿は、その後、私たち兄弟の仕事観に大きな影響を与えた。

当時の母は、子どもをほったらかしにすることへの罪悪感はまったくなかったと思う。たまに寂しい思いをすることは多少あったが、子どもの立場からしても、母が笑顔で働いているのが嬉しかったし、うらやましかった。その姿を見て、早く自分も大人になりたいと思ったほどだ。

いま思えば、もしあのとき母が私たち兄弟に対して働くことへの罪悪感を見せていたら、私はそれを口実に甘えていたような気がする。

子どもというのは環境の生き物だ。甘やかせばいくらでも甘えるし、逆に甘える隙がないとわかったときは、なんとかその環境に自分を適応させて、それなりに生きる術を覚えていくものだ。

であればなおさら、子どもに働くことの楽しさを語ったり、自分の楽しい姿を見せたりしたほうがいい。

そもそも、子どもも小学校高学年や中学生くらいになると、親が思うほど親のことばかり考えてはいない。

友だち、部活、いろいろなことに忙しくなっていき、自分の世界を創造し、そのなかで生きていく。

そのとき、子離れによる空の巣症候群に陥らないためにも、母として妻としてだけではなく、自分の人生を考えるという意味においても、女性は自分の仕事に意味を見出したほうがいい。

つまり、仕事が子どもへの過剰依存を防いでくれるのだ。

◆甘やかされた子の末路

子育てママを対象にコーチングをしている友人から、興味深い話を聞いたことがある。

彼の専門分野は子育てがメインなのだが、彼のユニークなところは、現在主流の育成理論を基にしているものではなく、現在成功している大人たちを中心にリサーチをし、そのデータから優秀な子に育つセオリーを体系化し、コーチングに適応させているところだ。

彼いわく、

「子どもの感情に寄り添うだけのコーチングは、大人になったときの臨床データがない。それよりも、いま世の中で活躍している人、楽しく生きている人の、幼少期の母親との関わりを徹底的に調べ、その普遍性を見つけたほうが、将来子どものためになる子育てができる。どの母親も、目指すべきところは、子どもの幸せな未来なのだから」

ということらしい。

言われてみれば、たしかにその通りだと思う。

彼の持論のなかで、私がもっとも驚いた子育て論がある。

幼い頃、親が手をかけて育てた子どものほうが、大人になってから、まったく親に連絡しない子になったり、結婚した配偶者の言いなりになる子どもが多いということだ。

これに対し、大人になっても親を大切にしている人や、社会で活躍している人たちの幼少期の母親との関係性は、親が仕事で、かまってもらえる時間が圧倒的に少なかった環境の人が多いのだそう。

最初は驚いたが、彼の理論を聞いたあと、自分なりに見ていると、彼が言っていることがあながち間違っていないように感じるようになった。

親がなんでも手を貸すことがあたりまえになると、子どもは依存心ばかりが育ち、自立心を失う。

社会に出ても、また結婚しても、その依存心は簡単には消えない。

だから、母親以外の場所に依存先を求めるのだ。

ネグレクトは問題外としても、ある程度の自立をさせるための環境をつくることも、子どもの将来を考えると大切なことなのではないだろうか。

◆楽しく生きる姿勢を見せることが最高の子育て

20世紀、父親と母親、両方が働くことを共働きと呼んだ。

当時は、この共働きという言葉は、あくまでも生活費を稼ぐために奥さんがパートに出るという、どちらかというと働くことへの苦労がまじった少しネガティブなニュアンスがあった。


しかし、令和という新しい時代では、働くことの意味は単にお金を稼ぐということだけではなく、社会への生産活動や個人の自己実現の側面が大きい。

つまり、生活費を稼ぐというより、仕事が個人の存在の意義になり、自己表現の手段としての意味合いが強くなってきているのだ。これはとてつもなく素敵なことだ。


生前、私の母親のもとには、いつも多くの女性が相談にきていた。

子育てや働くことに対して悩む女性に対し、自分が母として、働く女性として大切にしている3つのことを伝えていたので、天国の母に代わり、いま私がシェアをしたいと思う。


まず、1つめ。

子どものことで悩む時間があるのなら、その時間を自分の好きなことや人生の生きがいにあてるように心がけること。

そのほうが子どもも自分で考える癖が身につくし、母親が楽しく生きている姿を見て育てば、やがてその子も大人になったときに楽しく生きることができる可能性を見つけやすくなるから。

2つめ。

子どもがどんな状態であったとしても、母親自身が巻き込まれないようにしっかりと自分を律すること。自分の機嫌は自分で取りながら明るく生きること。

何があっても母親が明るくいることで、子どもは安心感を覚え、やがてその性格はダイレクトに子どもの将来の人生に影響するから。

そして、3つめ。

子どもの出来不出来に関係なく、どんなときも一番の味方でいること。

どんな状態でも子どもの未来を誰よりも信じることが大切だ。

何があっても信じてくれる存在がいることで、子どもは自分の自己肯定感を高めていくことができるから。

この話をするとき、多くの相談者が涙を流していたことを、昨日のことのように思い出す。

母親が家庭だけではなく、社会において楽しそうに生きているかどうか、この姿を子どもはしっかりと見ている。そう考えたとき、父親だけでなく、母親も子どもの将来の生き方において大きな役割を担っていることに気づくはずだ。

子どものためにも、母親自身が自分らしく楽しく生きてほしいと心から願う。

史上初の少子化時代を支えるのは、間違いなく女性だ

◆いまこそ40代女性が力を発揮しなければいけない理由

最後にもう少し深く、

「なぜ40代女性が自分の人生を見つけたほうがいいのか」

について書いていこう。

生態的な分類で見ると、男性と女性は人生のバイオリズムに年齢的な差異が出る。男性は40代になると、はっきりと身体の衰えを感じるようになる。

そして、社会という組織のなかでの中核を担うことにより、20代、30代より上下に挟まれて一番悩む時期になる。

そう考えると、一部の特殊な男性をのぞいた多くの男性が体力的にも精神的にも一番自由に動けるエネルギーピークを迎えるのは30代なのではないだろうか。

これに対し、女性の30代は子育てにとても大きな比重を占めるが、それが一段落すると、もっとも活動的なエネルギーピークが40代から始まると言っていい。

とくに**第二次ベビーブーム世代というのは、恵まれない世代**と言われてきた。受験の競争率は過去最高、社会に出る準備を始める時期が、バブルの崩壊に端を発した大就職氷河期時代。2000年前後から始まった平成の大不況。

そして、役職的に一番難しい年代である40代になって、この新型コロナショック。

かくいう私もその世代のひとりとして、困難な時代に生まれたとつくづく思う。

先にも書いたが、男性はパワーがあるが、とにかく直線的な行動に強い生き物だ。社会が伸びている間はその直線的なパワーが大きく役に立った。

しかし時代が大転換を起こし、急カーブで曲がらないといけないとき、過去の成功をかなぐり捨ててでも柔軟性を持って自分を変えていかないといけないという方向転換は、男性にとって本来、とても苦手分野なのだ。

こんなとき、本来しなやかさを本能的に兼ね備えている女性は強い。

◆未知の時代を支えていくということ

そしてもう1つ、現代は日本の歴史上初めての経験をしている。

それは少子高齢化だ。

いままでは放っておいても人口が伸び続け、自分たちがやったことのあとをしっかりとフォローできる次世代たちがいた20世紀までとは、まったく条件が違う。

高齢者は増え、労働者は減る。

この対応策は、3つ。


男性が老骨に鞭《むち》を打って力尽きるまで働くか。

海外から移民を増やし足りない労働力を補うか。

もしくは、これまで遠慮して裏方に回っていた女性たちが社会に進出するか。


これ以外に解決策はない。

こうした選択肢を踏まえて考えてみても、いまの時代は男性と女性、どっちが上か下かなどと論じている場合ではない。

日本人全体がそれぞれの強みを出し合いながら、この大波を乗り切っていかなくてはいけないところにきている。

だからこそ、女性がしなやかに、たくましく、そして自分自身の人生を輝かせな

がら、本来持った母性という大きな強みを活かして、世の中に対して自分という存在の大きさを発揮してほしい。「私なんて」と、遠慮しながら引っ込むのはもうやめよう。

男性がいきなり変わることができないように、世の中も一気には変われないかもしれない。

女性が活躍するための社会のインフラが完全に整備されるのは、もっと先のことになる可能性もあるだろう。

それならば、その変化や完成を待つのではなく、いまあるツールや自分の強みを活かしながら、あなたオリジナルの新しいビジネスや、働く女性としての在り方をつくってしまえばいい。

子どもの未来のため、愛する人のために女性が発揮できる力は、この世で最強の力だと私は信じている。

その無限の可能性を、ひとりでも多くの女性が開花できますように。

この章は、完全に女性に向けて書いた。

10年間という著者人生のなかで、女性に向けて書くのは、私自身初のチャレンジだった。個人の体験や所感で書いたことは否めないが、この章のどこか1行でも、いま、第二の人生のスタート地点に立っている40代女性へのエールとなれば嬉しい。

第4章

これまでの延長では うまくいかなくなる、 40代の仕事論

40代のビジネスは、個人より
チーム力に価値がシフトする

◆もしマラソン選手がサッカーを始めたら？

歳下の人に対してどう接するか、そして40代女性がいかに生きるか、という目線でここまで書いてきたが、ここからはビジネスという観点にフォーカスを当てて書いていこうと思う。

40代のビジネス論という点で見ても、やはりルールは大きく変わる。**40代は個人技からチームプレイに競技自体が変わると思っていただけたら、わかりやすい。**

たとえば、それまでマラソンという競技をしていた人が、突然サッカーという団体競技を始めるようなものだ。

40代の仕事の価値は、個人からチーム力にシフトする。個人の能力というより、チームとしてどれだけのパフォーマンスを発揮できるか。**それだけでなく、あなたを取り巻くチームの一人ひとりの仕事に対する満足度、充実度の総計と平均値が、40代のビジネスパーソンとしての新しい価値基準になってくる。**

もちろんその団体競技を早くから始めて40代を迎える人もいるが、まずはサラリーマンやここからビジネスを始める人に焦点を当てて書いていく。

◆まわりに花を持たせることができるか？

上司に対する部下の不満の原因でもっとも多いのが、コミュニケーション、つまり先ほど書いた「伝え方」が挙げられる。

そして、じつはこれと近い確率で挙げられるものがある。

それは「上司が手柄を独り占めしようとする」というものだ。

基本的に、仕事というものはたくさんの人が関わって完成する。

派手なプレゼンテーションをする人、営業でまわりが驚くような結果を出す人、こうした花形と呼ばれる人は、まわりから見ても仕事ができる人という見方をされることが多い。

だからこそ、たくさんの人がそのポジションに憧れを抱く。

ちょっと古いが「秘密戦隊ゴレンジャー」でいうところのアカレンジャーのポジションと表現しても、この世代にはかろうじて伝わるかもしれない。

しかし、その花形がステージで称賛される陰には、たくさんの人の力が関わっていることを忘れてはいけない。

プレゼン資料をつくる人。
データや根拠を調べる人。
労務管理をする人。
プレゼンテーションの場所を設営する人。
いろいろな役割の人がいるからこそ、花形は花形でいることができるのだ。

◆この世にひとりで完結できる仕事はない

私は出版業界の仕事がメインであるため、そこを例として話をすると、本が読者の手に届くまでには編集者、書店営業、デザイナー、校正者、取次会社、印刷会社、製本会社……こまかく言えばもっとある。

1冊の本が0から1になり、読者に届くまで、少なく見積もってもおそらく100人とは言えない数の人の力が関わっている。

著者ひとりで何万部という本を届けることは不可能だ。


もちろん仕事によって関わる人の数の多少はあるものの、ひとりで成し遂げることができる仕事など皆無と言っていい。


そのなかで花形と呼ばれるポジション、サッカーでいえばゴールを決める人にスポットライトが当たりがちになる。

たとえば、幸運にもあなたがその花形ポジションを任されたとしよう。

そのときに、まわりへの「おかげさま」と「感謝」、そしてできる限りの人に花を持たせることを忘れないようにしよう。

ここを見落としてしまうと、あなたのいまのポジションは長くは続かない。**そんな感謝のない人に、いつまでも力を貸してくれるほど、世の中は優しくはできてはいないからだ。**

それが20代の駆け出しの頃ならまだしも、40代になってそのスタンスではビジネスがおぼつかなくなってしまう。

◆まわりを立てることで大きな花束が戻ってくる

「おかげさま」

この言葉は世界中で日本独自の価値観だということをご存じだろうか？

陰になってくれる人、自分を支えてくれる人がいて、いまの自分の仕事が存在することをつねに忘れてはいけない。

以前、尊敬するお坊さんから、こんな言葉を教えてもらったことがある。

「神輿《みこし》に乗る人、担ぐ人、そのまた草鞋《わらじ》をつくる人」

若い頃の私は間違いなく神輿に乗る人だった。

それも推薦されて乗ったわけではなく、まわりを押しのけて自分が神輿によじ登るタイプだった。当然ながら、それをおもしろくないと思う人もたくさんいただろう。ごめんなさい。

比例するように、その頃の私は、ビジネスにおいてもまったくうまくいかなかった。最近になり、以前よりは担ぐ人側に回れたような気もするが、果たして草鞋をつくる人、つまり土台をつくる側に回れているかというと疑問だ。

◆なぜ仕事をするのか？　この意味が変わった

そんな私ではあるが、いまになってわかることがある。

まわりの人に対する感謝、そして、おかげさまを伝えるということ。つまりは、お世話になった人に花を持たせる、ということを心がけるようになったことで、私のチームは確実に大きく変わった。

そして、**世間の評価というものは、じつはひとりの力に向いたものではなく、チームとしての総合力に集まってくる、**ということが肌でわかるようになってきた。

画一的に息を合わせながら、世界に誇る生産性をつくってきた日本も、21世紀になりビジネススタイルが大きく変わった。

ＩＴの普及で情報発信ツールが個人、国民一人ひとりの手に行き届いたことにより、必然的に個人の表現欲求が高まった。

仕事が生活のためから、個人の自己実現というスタンスにまで昇華し始めた。

つまりは「自分もこの仕事に関わっているんだ」というメンバー一人ひとりの充実感。この精神的報酬を持てるかどうか、それこそがその会社、チームで仕事をする上での大きな要素になったのだ。

みんなでつくって、みんなで充実感を得る。

そんなシェア型時代において、美味しいところだけをひとりで独占しようなどという浅ましい考え方の人に人が集まるはずはない。手柄を独り占めする人は、その手柄ごと奪われる。

そんな時代なのだ。

逆を言えば、いつもおかげさまを忘れず、まわりの人に花を持たせることができる人は、その渡した花が大きな花束になって戻ってくる時代になったのだ。

40代、まわりの人を味方につけるために

◆あなたの苦手は誰かの得意

どんなジャンルの仕事でも、自分ひとりですべてを抱え込み、何でもやろうとしてしまう人がいる。

まわりに任せることができない人だ。

結論から言うと、このスタイルは40代を境に卒業しよう。

人にお願いし、任せる力を身につけよう。

どれだけ優秀な人でも、すべてをひとりでやることはできない。

仮にできたとしても、結果として嬉しいのは自分だけだ。

先にも書いたが、そもそも40代はひとりの功績より、チーム力が重要視される年代になる。

「どれだけまわりの人を巻き込めるか」

「どれだけまわりを活かすことができるか」

これが最上の価値になるのだ。

たとえばあなたが、数字が苦手だとする。

いまからその苦手な分野を埋めるための資格を取ろう、などと考えるのではなく、仕事で経理に精通している人にお願いすればいい。苦手なら、得意な人を探せばいいのだ。

いまの時代、そういう人は石を投げれば当たるくらい、世の中にはたくさんいる。

そういう人にお願いすることで、人の出番をつくることにもつながる。

「あなたの苦手は誰かの得意」

私はそう思っている。

◆普通の人が最高の成果を上げる方法

チームは人間の脳と似ている。

脳にはさまざまな機能がある。話をするときに使う部分、計算をするときに使う部分、絵を描くときに使う部分、ロジカルにいろいろなものを組み立てていくときに使う部分。

何かが際立って得意な人は、簡単に言えば、その脳の一部分が異常に発達している人と言い換えることもできる。

優秀な人を味方につけ、その人たちにお願いするという行為は、自分の脳のなかに得意分野を増やしていくということにほかならない。

そして、そのネットワークの連携がスムーズにおこなわれるようになると、それはあなた自身が、最強の脳を手に入れたことと同じなのだ。

普通の知性の人たちのチームでも、みんなが心を1つにし、得意な人が得意なことをやりながら連携を取ることで、天才の知性をはるかに超えた最高の成果を出すことができる。この脳の力を「集合知性」という。

◆40代は集合知性を使って脳磨きをしよう

この「集合知性」という言葉を私に教えてくれたのは、脳科学者の岩崎一郎さんという方。岩崎さんの『科学的に幸せになれる脳磨き』（サンマーク出版）という本を読んで感動し、私からメッセージをさせていただいたことがきっかけで出会い、現在とても懇意《こんい》にさせていただいている。

岩崎さんは、ひとりの天才だけが活躍する時代は終わったといつも言う。

その岩崎さんが先日、私にこんな話をしてくれた。

「永松さん、私はいつもこう思うんです。心を1つにできる人間関係は、いざというときにすごい底力を出すんです。共通の大きな目的ができると目標達成に向けて力を合わせられるし、困難や問題もみんなで乗り切っていく力を出し合える。結果的に、ひとりでは到底たどり着かないような場所に行き着くんです」

「なるほど。一郎さん、この集合知性を発揮するいい方法ってありますか？」

「はい、3つの要素を満たすことです」

「ぜひ教えてください」

「はい。1つめは相手の気持ちを受け入れて、お互いの視点を理解する。つまり、相手の立場に立てるということです。2つめは対等に発言できる、あるいは本音で

語り合える関係である、ということです。そして3つめが、メンバーの一人ひとりが心の底から共感できる共通の目的が明確にあり、そこに向かって心を1つにできる、ということです」

私は脳科学が専門ではないが、岩崎さんというプロフェッショナルとこうしてつながることができたということは、いくらか集合知性を使えるようになってきたのかもしれない。

ここではほんの少ししかご紹介できなかったが、岩崎一郎さんの『科学的に幸せになれる脳磨き』、本当に素敵な本なので心からおすすめする。

「台風の目」になってくれる第一陣のメンバーを大切にする

◆私を日本一に導いてくれた人たち

2020年、ありがたいことに、私は日本のビジネス書の年間ランキングで第1位をいただくことができた。

もちろん、その称号は心の底から嬉しかったが、何より嬉しかったのが、著者名の「永松茂久」という名前の裏側に、膨大な数の人たちがいてくれた、ということだった。

なかでも私にとって家族のような存在であり、仕事仲間であるプロジェクトメンバーたちがいる。

プロデューサー、マネジメント、出版企画、システム、営業指導、営業、総務、ライティングアシスタント、それぞれの担当がいる（あとがきに仲間たちの名前を書きます）。

私はそのメンバーたちの接続担当機能のようなポジション。

このメンバーたちで日本一を誓い、みんなで獲得することができた。

現在も各人が全力で、それぞれのパートでの力をフルに使ってくれている。そして何より嬉しいのが、このメンバーたちがとても仲がいいことだ。

目標の達成も嬉しいが、こうしたメンバーたちがいつもそばで支えてくれていること、このメンバーたちと一緒に目標に向かっていくことができること、それ自体が私にとって、仕事の最大の醍醐味だ。

◆ムーブメントの起こし方

仕事であれ、コミュニティであれ、なんらかのムーブメントを起こすということは、台風の発生過程に似ている。

まずは、思いを持った言い出しっぺが、ひとりで踊り始める。その動きに賛同した人がひとり、ふたりと集まっていき、踊りに参加する。

そして、言い出しっぺを抜かしたこの最初に集まってきた人たちが、いかに楽しそうに踊っているのか。ここが、その活動が一瞬の盛り上がりで終わるか、大きな竜巻状のうねりになり、やがて台風に発展していくのかが決まるポイントだ。

私にとっての第一陣の踊りの参加者こそが、このプロジェクトメンバーたちにあたる。

そしてポイントはここから。

この第一陣が踊り始めたとき、言い出しっぺは踊りをやめ、静かにそのメンバーの盛り上がりのバックフォローに回ることが大切だ。

いつまでも言い出しっぺがひとりでがんばるということは、第一陣の盛り上がりを抑え込んでしまうということになる。

結果として台風にはならない。

台風の目は、大きければ大きいほど静かでなければいけないのだ。

ということは、ムーブメントを起こす上で一番大切なのは、じつはリーダーでは

なく、このリーダーを取り巻く第一陣の力だということになる。

リーダー的なポジションの人間というのは、だいたい共通して、個人でそこそこのパフォーマンスを発揮することができるタイプが多い。

しかし、本当にそのリーダーの力が本物であるかどうかは、そのまわりにいる人たちがどのレベルにいて、どんな在り方で生きているかが、一番の判断材料になるのだ。

だからこそ40代のリーダーたちは「まわりを活かす」ということを念頭に置いて仕事をしていくことが大切な肝になる。

40代、「副業」をもっとあたりまえのこととして捉えよう

◆コロナ禍を生きる社長たちへ

社長業。それは人生をかけて、大きなロマンへの希望と、その裏にある危険を迎え撃つ覚悟を胸に未来を切り開くチャレンジャー。

こう表現するととてもかっこいいが、経済が右肩下がりで先行き不透明のいまの時代、しかもコロナ禍の世の中で、社長にかかるプレッシャーは景気が上り坂だっ

た20世紀の比ではない。

20代、30代の社長ならまだイケイケで、体力も社会的責任の軽さも十分にあるかもしれない。

しかし社長も40代を過ぎると、そうもいかなくなってくる。

事業の規模が大きくなればなるほど、当然だが投資の借金やスタッフへの支払い義務は増えていく。

しかも、スタッフも心を持ったひとりの人間。

いつ辞めると言い出すかわからない。とくに現代の若者の9割は、最初から永久就職など考えていないと言われる。まさに社長サバイバル時代だ。

その点だけにフォーカスすると、「社長って大変だな」と、ため息をつきそうになってしまうかもしれない。

しかし、少し目線を変えるだけで、世の中の社長は大チャンスの時代が来ている

ことに気づくことができると、私は考える。

ここからは、現在40代で社長をされている方に向けて、1つの提案をさせていただこう。

◆副業解禁がメインストリームになる時代

社員の副業。

この是非はいま、会社や企業が選択を迫られている大きな課題の1つだ。

これに関して言えば、私は副業を全面的に賛成している派だ。

その一番の理由は、社員の給料という固定費を上げなくて済むこと。

スタッフが現在の所得を超える給料のベースアップ分を、自分で賄《まかな》ってくれるのだ。

当然スタッフからも感謝され、モチベーションも上がる。

もしこれを社内ベンチャー的な角度から、経営のバックフォローをしてくれたとしたら、副業を始める側、支援する側、両方にとって大きなウィンウィンだろう。

ちなみに、この理論は、飲食店経営のかたわら出版業、人材育成業をやった私の経験に基づくものであり、私の会社のメンバーたちは全員副業を楽しそうにやって稼いでいる上で、この発言をしていることを明記しておきたい。

とくに、コロナにより、働くということの在り方を根本からすべての人が考え直しているいま、この副業の流れはメインストリームになっていくと予想している。

社長ひとりの力でその流れを抑え込むのは不可能だ。

万が一、可能であったとしても、労力を考えると、ほかのことに頭を使ったほうが確実にコストパフォーマンスは上がる。

社長は誰もが教育者になれる

◆社長たちよ、財産を活かそう

「会社を成長させ、スタッフや業者さんを幸せにすることが社長の使命」

これはよく言われる一般論だ。

しかし果たして、会社の成長とは、規模を拡大することだけなのだろうか？

店舗を増やすことだけが成長なのだろうか？

私はそうは思わない。

逆に、いまからの時代は「経営の軽量化」、つまり会社が抱える固定費をいかに下げていくかが重要だと私は思っている。

具体的に、どうするか。

それにお答えする前に、1つ質問をしよう。

社長が持っている一番大きな個人資産は何だろうか？

それは「経営経験から得たノウハウ」だ。

原価のかからないこの部分を活かさない手はない。

つまり、社員の副業を反対する前に、社長みずからが副業にチャレンジをすればいいのだ。

私も社長というポジションではあるが、これからはむりやり事業規模を大きくしていく生き方より、実業の経営者がそれまでの経験を活かし、経営に困っている人や次世代の育成に携わるコーチやコンサル、そして著者業に進出する時代がいよいよやってきたと考えている。

現に、私がコンサルをしている経営者で、教育分野に進出し、大成功を収めている方は少なくはない。

こういう社長たちは、もともと人やお金という資産を動かさないと絶対にうまくいかない実業の分野からのスタートだ。

その経験上、教育業の分野に進出したとしても、いったんコツをつかめば、そのインフラ整備やビジネス化をどんどん進めていけるのだ。

◆ここからの時代の賢い経営

しかし、ここで社長たちを、その分野に進ませないようにする壁がある。

それは、

「経営者は実業以外に手を出すものではない」

という世間一般の固定観念と、

「自分はそんな器じゃない」

という、自分自身の照れだ。


「社長、やり方がわからなくて困っている人を見捨てるんですか？　自分さえうまくいけばそれでいいんですか？」

謙虚な気持ちはすばらしいことを前提でこう質問すると、多くの社長さんたちはハッとする。


事業を成功させてゴルフや娯楽をすることは、ある意味、成功者の特権の1つかもしれない。

しかし、それだけではなく、せっかく苦労して築きあげた社長自身のノウハウという大きな宝を持ち腐れにして、世の中の役に立てないのはもったいないと言わざるを得ない。

私がいま飲食店経営者を卒業し、出版をしたり、講演やコーチング、コンサルティングの事業をつくり上げることができたのは、実際にその道を先に歩いている先輩経営者たちの背中を見て育ち、アドバイスをいただくことができたからだ。

実業の経験から生まれたノウハウを体系化して、次世代を育てるメンター業をおこなう。これも立派なビジネスであり、社会貢献だ。

パーソナルブランディングが必要なこの時代。いまからは実業家コンサルタントの時代がやってくる。

お金を投資して事業規模を広げるのではなく、お金をかけずに知恵を広げて経営の資金流動力を上げていく。これもいまから本格的に始まる「個の時代」における、社長の1つの賢い生き方なのではないだろうか。

40代、「スーパーサラリーマン」という選択肢

◆独立だけがすべてじゃない

ここまで読んでいただいて「よし、自分も起業しよう。社長になろう」と思われた方もいらっしゃるかもしれない。

しかし、ここであえてお伝えしたいことがある。

それは、

40代の仕事で影響力を発揮するには、独立・起業だけがすべてではない

ということだ。

社長になる、独立する、インフルエンサーになる方法はこれだけではない。よく見落としがちなのだが、企業に在籍したまま影響力を存分に発揮するスーパーサラリーマンになる、という選択肢もじつは存在する。

得てしてインフルエンサーというと、起業して有名になった人にスポットライトが当たりがちだが、じつは企業のなかにこそ、もっとも多くのインフルエンサーが存在する。

たとえば、会社の創業時から社長とともに会社を支え、大きくしてきた経営幹部の人たち。こういう人たちは、社長のできない裏方やフォローまで全部を仕切っている陰の立役者だ。

実際に、現場で実務に集中して携わってきているぶん、かえって社長よりも現場

での実績や人脈を持っていることが少なくはない。

◆あなたの名前が会社を超える日

たとえば、こう考えてみるとどうだろう。

普通の人は、「○○会社の田中さん」と表現されることが一般的だ。

しかし、個の名前のほうが大きいインフルエンサーになると、

「○○会社の田中さん」

という呼び方が、

「田中さんのいる○○会社」

と、自然と言い換えられるようになる。

私は仕事上、編集者さんとのおつきあいが一番多いのだが、この分野でも同じことが言える。

圧倒的な影響力を持ったクラスの編集者さんになると、出版社名より、その人個人の名前のほうが前にくることが多いのだ。

「えっと、なんだっけ？　あの○○編集長のいる出版社の名前……」

サラリーマンであっても、その会社の枠よりも個人の影響力が上回ってしまったときは、その人の存在がカリスマ性を生み出すこともしばしばある。

だからこそ、影響力という点で見たときに、起業しているとか、サラリーマンであるということは、受け取る人にとっては大した重要ポイントにはならない。

やはり、ここでも大切なのは、その人個人が持った仕事の実力だ。

人には人の得意分野がある。起業してうまくいく人、サラリーマンで出世してトップまで登り詰める人、人の成功はさまざまだ。

もし、あなたがいま、サラリーマンという立場にいるならば、

「あの人がこの会社の立役者だよ」

と、名実ともに人が認めてくれるようになったとき、あなたは大きな影響力を手にしたことになるのだ。

40代のうちに、さらに自分のスキルを磨き、その会社にとってなくてはならない人間になる。それも、40代にとっての立派な影響力獲得の方法であることを、しっかりと覚えておいてほしい。

最終章

40代をあきらめて生きるな

40代こそ、やりたいことができる年代だ

◆やらなかった未来、手に入るものは何？

終活。それは人生の終わりを迎える準備をするための活動のことであり、近年、終活にまつわる本がたくさん出版されている。

超高齢化社会がくれば、こうした動きが起きてくるのはあたりまえのことだと思うが、40代の私にとって「まだ早いかな」とは思いながらも、こうした本を数冊買

って読んだ時期があった。

そのなかで、どの本にも共通のことが書いてあることに気づいた。

人生の最期を迎えるとき、人が後悔することの一番の理由が、

「まわりの目ばかりを気にせずに、もっとやりたいことをやればよかった」

というものだ。

この理由は、死の間際に差し掛かっていない40代の私たちでも想像はできる。

ただ、現実的に自分がやりたいことがあっても、実際は、まわりとの関係性や未経験に対する怖れ、現在を取り巻く状況が理由で、なかなか踏み切れないことが多いのが事実だ。

こんなときは、やらなかった後悔を想像するより、実現に向けて踏み切ることが楽になる方法が1つだけある。

「やりたいことをやらない、つまり、それをあきらめることで得られるほど大切なものは何なのか？」

「あきらめることで得られるものは、それほど得なものなのか？」

ということを考えてみることだ。

◆変化が大前提で安定を考える

コロナ禍、超少子高齢化、急速なＩＴインフラの発達、ＡＩによる社会構造の変化。ここからの変化の速度はさらに大きく上がっていく。

20世紀までは「10年ひとむかし」と言われたが、ここからは「10年大むかし」と言われる時代になる。

あまりにも変化が速すぎて、どんな経済学者であっても、10年先を読むことは至難の業だ。

想定外の事態により、いままで積み上げてきたものが一瞬で壊されたり、一晩で世の中のルールが変わってしまうこともあるかもしれない。

そのなかで安定を求めるなら、時代の変化に柔軟に対応していくことが必要だ。

「自分は変わりたくない」といくら駄々をこねても、その変化に対応しない限り、時代のエスカレーターからは降ろされる羽目になってしまう。

つまり、これからの時代は変化の波にうまく対応するということでしか、本当の安定は確保できないということになるのだ。

◆定年は何歳まで延びるか？

「定年は60歳」というルールが一般的だったのは、人生80年時代のときだった。

現在は65歳定年制の会社がどんどん増えている。

そして、定年の設定を65歳にしても、まだまだ元気に働きたい人たちが多くいるため、嘱託《しょくたく》として、その後も会社で働き続けている人が増えている。

そう考えると、いまから20年後。

いまの40代が60代になるころには、70歳定年もあたりまえの会社が増えているであろうことは簡単に予測できる。

そして、その頃、人生100年時代が完成されていたとしたら、70歳で引退したとしても、残りの人生が30年もある。

これに対して、経営者、個人事業主には引退がない。

その気になれば、80歳でも90歳でも働ける。

ただ単に所得のことだけではなく、「人生をいかに充実したものにするか」という視点から見ても、やりがいを求めて何かを始める人も増えるだろう。

もし40代のうちから一生をかけてやれる仕事を見つけ、それを始めたとしても、70代になるまでには約30年もある。1つの仕事を30年もやれば、どんな人でもプロフェッショナルになることができる。

老後のことをいちいち憂うより、自分のやりたいことを始めよう。

それにはこれまでの経験的にも、残りの仕事人生のスタートを切る時期としても、40代くらいが一番いい。

「どんな状況になっても、自分の力で自分の好きなことをやり続ける」

これこそが本当の安定になると私は考えている。

◆あなたという可能性

「自分は出世なんかしなくてもいい。適当に楽しくやればいい」

こうした言葉を聞くことがある。

社会保障や経済がいまのまま、もしくは、上昇するときであれば、それも可能だろう。

しかし、これからの大波の時代では、そういう船をこぎたくない人が、まっさきに船を降ろされる可能性が高くなる。

ネガティブな側面だけではなく、やりがいという意味を考えたとき、仕事のステージが上がることで、やれることが大いに増えてくるという特性もある。責任もかかってはくるが、同時に自分の自由裁量で大きなプロジェクトを立ち上げることもできるようになる。

当然だが、その仕事を通して、素敵な人たちに出会えるチャンスも増える。

仕事を単なるご飯を食べるための、所得を確保するためのものと捉えるか、もしくは自分の人生を自分らしくデザインするためのものと捉えるかで、人生の充実度は大きく変わる。

ゲームでも、仕事でも、スポーツでも、コミュニティ活動でもなんでもそうだが、どうせやるなら、やっぱり上を目指したほうがおもしろい。

いずれにせよ、仕事に人生の意味を見出し、自分にできることを全力でやる人のみが、まわりや時代に左右されない本当の精神的、経済的安定を手にすることができるのだ。

40代であるあなたの可能性は、まだまだこんなものじゃない。

親のことを考える、親との時間を増やす

◆いつまでも親が元気なわけではない

終活の本を読んでいて驚いたことだが、後悔する理由の上位に「親との関係性」にまつわることが挙げられていたことはとても興味深かった。

60代、70代になると、誰でも病気の可能性が増えてくる。

保険も60歳を超えると急速に掛け金が上昇していくのはその証明の1つだろう。

当然だが、40代になると親も病気をしがちになるし、それまでのパワーが落ちてくる。

1970年代、私たちの親が平均して25～26歳で子どもを産んだことを考えると、いま40歳を迎えた人の親が65歳くらい。

現代のように初産の年齢が30歳を超えた世代が60代から70代になるということは、子どもにとって親が年齢の衰えを訴え始めるのは、40代よりもっと早い30代ということになる。

いずれにせよ、いつまでも親は元気ではないのだ。

◆お父さん、お母さんに最近いつ連絡しましたか？

執筆やコンサルティングの仕事を通して多くの人に出会うなかで、思いのほか、両親との関係性で問題を抱えている人が多いことに驚く。

幼い頃に親に言われたこと、親の育て方に対するトラウマを抱え、社会人になったあとも親と疎遠になっている人の数は少なくない。私は運よく両親との関係性がいいほうだったので、この多さには衝撃を受けた。


しかし、よくよく考えると、親もひとりの人間。

若い頃は未熟だったかもしれない。

40代になると、多くの人が、私たちを子育てしていた頃の親の年齢を超える。

そして、この年齢になって気づくことだが、いま40代という年齢は、私たちが昔大人に抱いていた「大人はすごい」という幻想よりはるかに子どもだ。

私たち自身も子どもなのに、さらに子どもだった親の若い世代の過ちを、いつまでも根に持つのもどんなものだろうか。そろそろ水に流してもいいんじゃないだろうか。

◆40代は親との関係性をもう一度見直そう

私は5年前に母を亡くした。

病気がわかってから約1年間、母の闘病生活に寄り添った。

正直できることはなんでもやったが、悔いが残っていないかというと、それでもたくさんの悔いは残った。

もし、あの闘病生活に手を抜いていたら、その後悔はいまの比ではなかったと思う。

「もしいま、母と電話できたとしたら何を話すんだろう？」

そんなことを考えたりもする。亡くしてみて、その存在の偉大さ、ありがたさに気づくということを肌で知った。

しかし、どうせ気づくなら、親が生きているうちがいい。

「久しぶり、元気?」

と電話をしてみるのも1つの親孝行だ。

コロナ禍でしかたなく親に会えていない人も多いと思うが、確実に親はノンストップで歳を取っている。

もし連絡をしていなかったとしたら、あなた自身の過去からの解放という意味を含めて、一本電話をしてみるのはいかがだろうか。この歳になったからこそつくれる、親との新しい関係性が見つかるかもしれない。

◆心配ごとがあるとエネルギーが漏れる

後悔が残るのは親だけではない。

私たちは40年以上も生きていると、気づかぬところでいろいろな迷惑をかけている。

ほんの少しのボタンのかけ違いで関係性が壊れてしまったり、疎遠《そえん》になってしまったりする人もいる。

相手に大きな過失があって、自分には非がない場合はそれほど心には残らない。しかし、自分自身がやらかしてしまい、それをほったらかしにしていたがために会いにくくなってしまった関係の場合は、思い出しただけでどんよりとした暗い感情になってしまう。

40代のうちに、このような過失は精算してしまったほうがいい。

こうした過去の過ちを抱えたまま生きることは、自分の心に穴が空いているようなものだ。

そこからエネルギーが漏れてしまう。

何をやっていてもふとした瞬間にその傷が痛み出したりすると、目の前の幸せを見落としてしまうおそれもある。

これは人生において大きなロスだ。

相手のためもあるが、何よりも自分自身が涼やかに、軽やかに生きていくためにも早くその問題に決着をつけたほうがいいと私は思う。

◆過去の敵も、10年経てば友になれることだってある

人は未完成だ。だからこそ誰もが失敗する。
あきらかに自分に非がある失敗で、相手を怒らせてしまったことがあるかもしれない。
しかし、ありがたいことに人は忘れる生き物だ。
よほどのことを除いて、相手もいつまでも怒り続けていることは少ない。
そして、忘れると同時に人間は成長する。
5年や10年も経てば、誰もがその頃よりは成長する。
ご縁というものは、こうして不思議なタイミングで再生されることが多々ある。

もしあなたが謝りたい人、自分の過ちの反省を伝えたい人がいたとしたら、一本連絡してみるのも1つの手だと思う。

もしそれで返信が返ってこなかったら、それはそれでいい。おそらく一番の引っかかりは連絡をしていない、という部分にあるのだから。

そうやって相手に伝えることで、あなたのなかの重い気持ちはおそらくすっきりする。人生の後半戦を軽やかな気持ちで始めたいものだ。

「若いって不自由だよね」と言える人になる

◆70代、90代を、40代より若く生きている人たち

ありがたいことに、私にはたくさんの憧れの先輩がいる。

なかでも、

「この年齢になったら、こんな生き方をしたいな」

と思わせてくれ、その世代を迎えるうえでの夢となってくれている人がいる。

ここで、そのふたりを紹介したい。

まずは、70代の夢。

その存在は、ブリキのおもちゃ博物館の館長であり、人気テレビ番組「開運！なんでも鑑定団」でも有名な北原照久さんだ。

北原さんとは10年前、とあるパーティーの席で知り合い、ご縁をいただいた。私が九州から出版スタジオを東京に移した5年前からは、北原さんの別荘である横須賀市佐島の北原邸によくご招待いただだいている。

北原さんは37歳で横浜にブリキのおもちゃ博物館の1号店をつくり、45歳で「開運！なんでも鑑定団」のレギュラー出演を開始し、いま現在28年連続で出演している。

それだけでなく50歳を過ぎてからギターを始めて加山雄三さんと並んでステージに上がったり、65歳からピアノを始めたりと、その趣味はかなりの数になる。

北原さんの何がすごいかというと、一度始めたことを73歳になる今日までずっと続けていることだ。

50代から毎日かかさずやっている腹筋ローラーのおかげで、腹筋はそこらへんの40代など勝負にならない。

現在は音声SNSのClubhouse《クラブハウス》で毎日番組をやり、北原さんのファンは増え続けている。先日、そのClubhouseで知り合った占いで有名なゲッターズ飯田さんに、

「83歳でモテ期がくる」

と言われ、現在も仕事人生真っ只中。

お会いさせていただくたびに、25歳以上も若い私のほうがエネルギーをいただいている。

そして、90歳の夢が、この本を出版してくださったきずな出版の櫻井秀勲社長。

現在90歳。私は櫻井先生と呼ばせていただいているので、ここでもそう呼ばせていただく。

櫻井先生との出会いをいただいたのは、私が本格的に本を書き始めた11年前。当時、先生は80歳。

その2年後、先生からご連絡をいただき、

「しげちゃん、出版社を始めるんだけど、うちからいかがかかな?」

とお声掛けをいただいてからというもの、たくさんの本をきずな出版から出させていただいている。

毎年夏、櫻井先生は博多祇園山笠に出るために福岡にやってくる。

締め込みを巻いたまま、私が経営していた福岡の飲食店で宴会をし、朝の4時59分にスタートされる「追い山」と呼ばれる博多祇園山笠のフィナーレで、元気に走り続けている(ここ2年はコロナのため山笠がなかったが)。

その櫻井先生がきずな出版を立ち上げたのは82歳のとき。

「最高齢起業ということでギネスに載《の》ると思っていたら、私以外に84歳で起業した人がいたんだよ。負けちゃった」

と、笑って残念がっていたのがとても印象的だった。

現在もきずな出版を経営しながら、ご自身の本を年に数冊書き続けている。

編集長として『女性自身』という女性週刊誌を147万部発行するという記録を持ち、作家として本を200冊超、そして今度は出版社を立ち上げるという、いわば出版業界のレジェンドだ。

櫻井先生と北原さん。

少しではあるが、そのおふたりの役に立てたことがある。

それは私が主催したパーティーで、おふたりが主賓として来てくださったことがご縁で仲よしになったことだ。

最近はおふたりでClubhouseの番組を持っているほど。

おそらく90歳を過ぎてこれだけClubhouseを使いこなしているのは、私の知る限りでは櫻井先生ただひとりだ。

◆後輩は先輩の生き方を羅針盤にしている

70歳を過ぎ、「人生ここから」と言う北原さん。

90歳、「いまが現役として一番おもしろい」と言う櫻井先生。

話しているなかで、おふたりの口から、

「しげちゃんは40代だからうらやましい」

などと言われたことは一度たりともない。

それどころか、

「**まだ40代か。できることが少ないからかわいそうだね。早くこの年代においで**」

と言われるほどだ。

こういう方たちがいてくれることで、40代という年齢が、まだまだ子どもだと思えてくる。

人生を楽しんで生きるか、あきらめて生きるかを、いま40代の私たちに置き換えて考えてみよう。

先を生きた人たちから、くたびれた顔で「若いっていいね」と言われてしまうと、自分の行き着く先に希望が持てなくなる。しかし、その年齢になってもイキイキと楽しく生きている姿を見せてくれると、自分の未来が楽しみになる。


よく転職した人や独立起業した人に理由を聞くと、

「上司の姿を見ていて、こうなりたくないと思ったから」

ということが挙げられる。

つまり、次世代はつねに年長者の姿を基準に未来を選択していくのだ。

40代だからと言い訳をし、次世代にあきらめた姿を見せるのはやめよう。

心がけ1つで、まだまだ私たちには、次世代の希望になるためにできることがたくさんある。

40代からは誰かを応援する側に回ろう

◆共同体思考

自分のためだけに走ることが許される20代。
少しずつ上下に挟まれ始める30代。
そして、まわりの人を巻き込みながら進むことが必要とされる40代。
この10年をいかに生きるかで、人生の後半戦が大きく変わってくる。

私は40代のうちに、ひとりでもふたりでもいいから、家族以外の社会との関わりのなかで「この人のために」という存在を持つことが大切だと思っている。

その存在は部下でもいい、友人でもいい。あなたが本当に心から応援したいと思える人でいいのだ。

自分が持っているものを誰かに与えると、何かを失ってしまうのではと考える人がいる。

私自身、「フォーユー」という利他の心を持つことの大切さを、微力ながら伝えてきたが、「与えるとなくなるのではないか、という怖れがある」という言葉が何度も返ってきた。

正直、これに対しての明確な答えを持つことができなかった。

しかし、これを解決してくれたのが、先に紹介した岩崎一郎さんのご著書『科学的に幸せになれる脳磨き』だった。

この本のなかに「共同体思考」と「個分離思考」という2つの脳の使い方が紹介されている。

共同体思考とは簡単に言うと、

「まわりの人の幸せを自分の喜びにできる脳の使い方」

のこと。

個分離思考とは、

「他者と自分をはっきりと切り分け、そこに明確な対立軸をつくる脳の使い方」

のことである。

◆「私は」を「私たちは」に変えて生きる

たしかに個分離思考で生きると、「自分の持っているものを他人に渡すことは、自分のものが目減りする」ということになる。

それは誰でも怖い。

しかし、これに対して、「まわりの人がよくなることで自分も一緒に喜べる」という脳の使い方になることで、自分のまわりにたくさんの笑顔が集まり、結果的にその中心にいる自分自身も幸せになることができるという生き方もある。

どちらの人生が豊かなものになるかは明白だ。

共同体思考を考えたとき、渡せるものは物やお金だけではない。

第2章でお話しした「笑顔」「うなずき」「一緒に笑う」という3つのアクションも、安心感を渡せることになる。

または自分が持つ経験や知識をシェアするということも、人の未来への道標となる考え方を渡せることになる。

つまり、お金や物じゃなくても、渡せるものがたくさんあるのだ。

こうしたギブアンドシェアの連鎖は、奪い合うものではなく、キャンドルサービ

スのようなものだ。

自分の火をまわりに灯すことで、自分を中心にまわりがどんどん明るくなっていく。もし自分の火が消えそうになったとしても、それはまわりの人が再び灯してくれる。

まわりに愛を与えることで、自分のまわりに愛があふれる。

40代からは、そんな生き方をする人は必ず豊かさと幸せを手に入れる。

40代、大切にしたい「あいうえお」

◆40代は、この5つを大切に生きれば必ずうまくいく

第1章に「40代で捨てるべき、あいうえお」を書いた。
むしろ、この本はこの「あいうえお」を軸に組み立てたと言ってもいいかもしれない。
なので、最後にここで「40代で大切にしたい、あいうえお」を書いて終わりにし

ようと思う。

この5つを大切にしていれば、40代は必ず幸せになれるというものだ。

1つずつ説明していくので、ご自分に照らし合わせて考えてみてほしい。


1つめの「あ」。これは「愛」。


私たちはこれまで、自分が気づいているにせよ、気づいていないにせよ、まわりの人たちから、たくさんの愛をもらいながら生きてきた。

いま着ている洋服やパソコン、本や車なども、誰かが愛を込めてつくったものを手にしている。

私たちを取り巻く環境は、

「どうすれば人がもっと幸せになるのか？」

と考えた末、それを形にしてきた人たちのおかげで生まれたものだと言える。

そして、私たちもその社会人のひとりとしていま、40代を生きている。

できることからでいい。

出会った人を大切にしよう。これから出会う人たちに愛を持って接しよう。

オーバーな言い方かもしれないが、私はこの世の中はたくさんの愛でできていると思っている。


2つめの「い」。これは「命」。


自分を含め、私たちのまわりで生きている人、動物、すべての生き物には命が宿っている。

そして、ひとり残らず誰もがみな、幸せに向かって生きていると言っていい。

これまでの世の中は、地位がある人が偉く、そうでない人は偉くないという2つの対立軸で成り立ってきた。

もういいじゃないか。

そんなものは捨てて、可能な限りにおいて、人や生き物に宿る命を大切にする思いを持とう。

3つめの「う」。これは「運」。

楽しく自分らしく生きている人、幸せに成功している人は必ずと言っていいほど「運」という目に見えないものの存在を意識している。

運。このテーマについてもそれだけで一冊が書けてしまいそうなので短くまとめるが、運とはつまり、人を大切にしていくことで積むことができる「徳」というものが関連しているように思う。

人を大切にすることにより、目に見えない「徳」という貯金が積まれ、その貯金をおろしながら手に入るものが運なのではないだろうか。

そして、俗に言う運がいい人とは、惜しみなく人に与えることが好きな共同体思考の人たちだ。

自分がもらった運をまわりに流していくことにより、運がいい人は運がいい人と出会い、さらに運を高めていく。

運とは、伝播する特性を持っているものだ。

4つめの「え」。これは「縁」。

人類の進化とともに、以前よりいろいろなものが整備され、世の中は生きやすくなった。

縦型社会から横型社会への移行も進み、水平な社会の実現にも近づいている。

お金や地位というものが以前より効果を失ってきたここからの時代、

「いかにお金や地位を持っているか?」

よりも、

「いかに人を大切にし、まわりに素敵な人がいるか?」

ということが大きな基準になってくる。

そして、多くの場合、縁とは人が運んでくる。

人を大切にすることにより、また新しい縁が生まれ、人生が大きく広がっていく。

一見まわり道に見えるかもしれないが、人を大切にして結果的に人生が悪くなることとは絶対にない。

縁を意識して生きよう。

そして、最後の「お」。これは「恩」。

つまり感謝の気持ちだ。

この四十数年間を振り返っても、私たちはまわりの人たちの愛に包まれてきた。これをあたりまえと思うか、もしくは感謝の気持ちを持って生きるか。

自分が何かをした立場で、どっちの人にまた愛を渡したくなるかを考えれば、説明の必要はないだろう。

日本に住み、日本で育った私たちは「おかげさま」という世界で、唯一の考え方を持った国に生きている。これまでもらってきた恩を次世代へ渡そう。

この「あいうえお」を大切にすることこそが、私たち40代に課せられた使命なのではないだろうか。

40代、人生にもっと恋せよ

◆いまの40代は、じつは強い

いまの40代は不遇な世代と言われてきた。

見方としてはその側面もあるのかもしれない。

しかし、厳しい環境で育てられた人たちは、それと引き換えに手にしているものがある。

それはくじけない強さだ。いまの40代は不遇な時代の流れのなかで、天然で鍛えられてきた世代とも言える。

時代が味方をしてくれなかったなかを生きてきたがゆえに、気づかぬうちにじつは少々のことではへこたれない精神性を持っている世代なのだ。

いま先行き不安な人たちも、まわりの環境に振り回されて弱気になっているだけだ。まだまだ40代が持つ可能性はこんなもんじゃない。

人生は一本の映画作品に似ている。

主役、キャスティング、監督、全部を自分で担当する映画だ。あきらめさえしなければ、作品のクオリティはいくらでも自分の意思で磨き上げることができる。

苦しかったこと、悲しかったこと、いろいろなことを乗り越えながら、映画は後半戦のクライマックスを目がけて組み立てられていく。

１００歳になったときがエンディング。そう考えてみると、私たち40代はまだ折り返し地点にさしかかってもいない。盛り上がりはここからだ。

生きていれば、人には逃げ出したくなるような波が来ることがある。

調子の悪い波。

まわりの意地悪な人たちの波。

あなたをあきらめさせようとする人たちの波。

こういう波に飲まれそうになってしまうことだってある。

心が折れそうなできごとが起きたとき、いくら自分を愛そうと思っても、そうは思えないことだってある。

しかし、自分の人生を100年経って完成する1つの作品として捉えたとき、その作品に愛着を持って生きることは誰にだってできる。

大きな視点で捉えれば、過去の嫌なことやつらかったこと、いまうまくいかないことだって、のちに振り返ってみれば、1つの作品を盛り上げるためのスパイスと捉えることができるようになる。

あきらめずに、ハッピーエンドに向かって歩いていこう。
あきらめるのは、まだずっとあとでいい。
なぜか？　それが一番簡単な選択肢だからだ。
その気になればいつでもできる。
一番簡単なことは最後に取っておけばいい。
その前に、もっとやれることは星の数ほどある。

40代、ここから先の長い人生を「もう遅い」とあきらめて生きるか。
それとも「さあ、ここからだ」とあきらめずに生きるか。

あなたは、どっちを選ぶ？

あとがき――

心の在り方ひとつで、人生はいつも青春になる

２０１９年に書いた『30代を無駄に生きるな』。

２０２０年に書いた『20代を無難に生きるな』。

そして２０２１年、『40代をあきらめて生きるな』を書き終えたいま、思うことがある。それは、年齢というものは単なるメモリだということだ。

私たちの多くは、そのメモリにとらわれて、いろいろなことをあきらめようとする。もちろん体力的なことや世の中のルールのなかで、年齢が影響するものは多少はある。しかし、実際に私たちの人生のすべてを支配しているものは、やはり「心の在り方」なのではないだろうか。

あとがきに際し、このことを私に確信させてくれる、アメリカの実業家であり詩人のサミュエルウルマン（１９２４年没）という人が残した、「青春」という詩の

一部を現代語に意訳しながらご紹介させていただきたい。

青春とは人生のある期間を言うのではなく、心の様相を言うのだ。
優れた想像力、たくましき意志、燃ゆる情熱、怯えを退ける勇猛な心、
安易を振り捨てる冒険心、こういう様相を青春というのだ。
歳を重ねただけで人は老いない。理想を失うときに初めて老いがくる。
歳月は皮膚のシワを増やすが、情熱を失うときに精神はしぼむ。
苦悩や猜疑、不安、恐怖、失望。こういうものこそが
長年月のごとく人を老いさせ、精気ある魂をも、あくたに帰せしめてしまう。
人は信念と共に若く、疑念と共に老いる。
人は自信と共に若く、恐怖と共に老いる。
希望ある限り若く、失望と共に老い朽ちる。
大地より、神より、人より、美と喜悦、勇気と壮大、
そして偉力と霊感を受ける限り、人の若さは失われない。

幸運にも、40代後半に差し掛かったいま、私は「出版」という青春を手に入れることができた。もちろん楽しいことばかりではない。書いているときに原稿に詰まることもあるし、まったく筆が進まず、先に待ち受ける締め切りに胃が痛くなることもある。今回の本もそうだった。しかしそれと引き換えに、この執筆過程のなかで、あらためて3つの大切なものを手に入れることができた。

1つめが「発見」。

本を書くということは、あたりまえだが、白紙の紙の上に自分の思いを文字にして載せていく作業だ。最初からできあがった原稿などない。「どんなことを読者に届けることができるのか？」この問いに日常のほとんどが費やされる。もちろん自分の経験から書ける部分もある。しかし私の経験などは、原稿のほんの一部にしかならない。当然、いろいろな人に話を聞きながら、コンテンツを組み立てていくことになる。さまざまな人の話を聞くことで、新しい気づきを得たり、その人の人生の追体験をすることができ、ご紹介できることを最高に幸せに思う。

2つめが「新しき価値の創造」。

本を書いていくなかで、「本をもっと価値のあるものにするために何ができるか？」ということをいつも考える。そのなかで、最近の本に新しい角度でコンテンツを搭載する実験をしている。それは「動画や音声コンテンツ」だ。文字だけでなく、映像や音声を使って読者であるあなたの学びや気づきをさらに深めていくために、巻末に無料特典をつけてみた。今回は3本の音声を無料で聴いていただけるようにした。ご興味がある方は、巻末の特典ページから音声をダウンロードしていただきたい。いずれにせよ、試行錯誤を繰り返しながら、本をいろいろな角度からもっともっと価値あるものにするという挑戦は、ここからも続けていきたいと思う。

そして3つめ。それが「いつも変わらぬ笑顔で応援してくれる人たちの存在」。

今回も多くの方々の支えの上に本書が完成することができた。この場をお借りしてお礼を言いたい。

　まずはこの本を世に送り出してくださった、きずな出版の櫻井秀勲社長、岡村季子社長、小寺裕樹編集長、そしてきずな出版の皆様へ。おかげさまで無事にここまでたどり着くことができました。今回も素敵なチャンスをありがとうございます。引き続き、どうぞよろしくお願いいたします。

　いつもたくさんのアドバイスをくれる作家仲間であり、親友であり、プロデューサーのジョン・キム、プロジェクトメンバーの角伊織くん、池田美智子さん、トガワシンジくん、本田由希子さん、一条佳代さん、内野瑠三くん、山野礁太くん、そして同メンバーであり妻の永松寿美へ。みんな本当にありがとう。またこのメンバーたちで新しい本を世に生み出せたことを誇りに思います。ここからみんなで新たな日本一を目指して、歩いていこうね。

　いつも応援してくれる永松塾のみんな、そしてClubhouseのジョン・キム部屋のみんな、本当にありがとう。

　2人の息子である亨太郎、隆之介。40代はまだ遠いけど、もっともっとたくましく、もっともっと大きくなれ。
5人のトイプードルである「とら」「さくら」「ひな」「ももこ」「まる」。今回もみんないい子で応援してくれたね。5人を交代に膝に乗せての執筆タイムが、私にとってもっとも幸福な時間のひとつだよ。たくさんの幸せをありがとう。
すべての人を書き切ることはできないが、出版という仕事を通して手に入れることができた、このすばらしいファミリーたちこそが、私にとってのかけがえのない最高の宝だ。著者業をやっていて本当によかったと心から思う。

最後に『40代をあきらめて生きるな』を通して出会ってくれたあなたへ、心からの感謝を。出会ってくださって本当にありがとうございます。この本が、少しでもあなたの勇気になり、新しい青春の幕開けの原動力になりますように。

東京オリンピックど真ん中の東京タワーのふもとより、輝かしい日本の再起を祈りながら。感謝。

2021年7月吉日

永松茂久

特典

本書をお読みくださったあなたへ

感謝の気持ちを込めた
無料読者特典のご案内

①【60分講演】40代をあきらめて生きるな

②【Q&A音声】40代の悩みに対して

③【対談音声】年代本シリーズ執筆秘話

詳細はこちらよりアクセスください。

https://www.nagamatsushigehisa.com/40dai-tokuten

※特典の配布は予告なく終了することがございます。予めご了承ください。
※音声はインターネット上のみでの配信になります。予めご了承ください。
※この特典企画は、永松茂久が実施するものです。特典企画に関する
お問い合わせは「https://nagamatsushigehisa.com/」までお願いいたします。

著者プロフィール

永松茂久 （ながまつ・しげひさ）

株式会社人財育成JAPAN 代表取締役。大分県中津市生まれ。2001年、わずか3坪のたこ焼きの行商から商売を始め、2003年に開店した「ダイニング陽なた家」は、口コミだけで県外から毎年1万人を集める大繁盛店になる。自身の経験をもとに体系化した「一流の人材を集めるのではなく、いまいる人間を一流にする」というコンセプトのユニークな人材育成法には定評があり、全国で多くの講演、セミナーを実施。「人の在り方」を伝えるニューリーダーとして、多くの若者から圧倒的な支持を得ており、講演の累計動員数は40万人にのぼる。2016年より、拠点を東京都港区麻布に移し、現在は経営、講演だけではなく、執筆、人材育成、出版コンサルティング、イベント主催、映像編集、ブランディングプロデュースなど数々の事業を展開する実業家である。著作業では2020年、ビジネス書部門の年間累計発行部数で国内著者ランキング1位を獲得。
『20代を無難に生きるな』『30代を無駄に生きるな』『影響力』『言葉は現実化する』『心の壁の壊し方』『男の条件』『人生に迷ったら知覧に行け』（いずれも、きずな出版）、『人は話し方が9割』（すばる舎）、『在り方』（サンマーク出版）、『感動の条件』（KKロングセラーズ）など著書多数。累計発行部数は220万部を突破している。

永松茂久公式ウェブサイト
https://nagamatsushigehisa.com

40代をあきらめて生きるな

2021年 8 月15日　第1刷発行
2024年 2 月10日　第7刷発行

著　者　　永松茂久

発行者　　櫻井秀勲
発行所　　きずな出版
東京都新宿区白銀町1-13　〒162-0816
電話03-3260-0391　振替00160-2-633551
http://www.kizuna-pub.jp/

編集協力　加藤道子
ブックデザイン　池上幸一
印刷・製本　モリモト印刷

ISBN978-4-86663-148-6

きずな出版